Índice
Concentrando conceptos

1. Reconocimientos y agradecimientos
2. Prefacio
3. El Método GOD©
    a. ¿Qué es el GOD Method?
    b. Pirámide
    c. Fases de estancamiento
    d. Mentalidad de crecimiento
    e. El sistema operativo
4. Cultura
    a. Visión
    b. Meta a 10 años. BHAG
    c. Misión
    d. Valores
    e. Manifiesto
    f. Vision Story©
    g. <u>Formatos:</u>
        i. Visión, cultura y ejecución (VCE)
5. Equipo
    a. Elegir a los correctos
    b. Cohesionar al equipo
    c. Enfocarlos en lo importante
    d. Formar gente
    e. Personas correctas en puestos correctos
    f. <u>Formatos:</u>
        i. Tablero de control del equipo (TCE)
        ii. Cohesion Checklist (CCL)
        iii. A Player Developer (APD)
6. Métricas
    a. Objetividad *vs.* Subjetividad
    b. Indicadores tardíos *vs.* proactivos
    c. Creando el futuro
    d. Lo que se mide, se puede mejorar

© *Hugo Ernesto Barraza Valadez 2022. All right reserved.*

    e. Trimestre, año y 5 años
    f. <u>Formatos:</u>
        i. Cuadro de indicadores de seguimiento (CIS)
7. Estrategia
    a. Primer camino: ver hacia el interior
        i. Fortalecer cultura e invertir en talento
        ii. Liderazgo en costos
        iii. Diferenciación en productos y servicios
    b. Segundo camino: ver hacia afuera
        i. Jugar a la ofensiva
            1. Estrategia de ventas y mercadeo
        ii. Jugar a la defensiva
            1. Retención de clientes
            2. Aumento del valor del cliente a través del tiempo
    c. Escuchar activamente
    d. <u>Formatos:</u>
        i. Visión, cultura y ejecución (VCE)
    e. Parar, continuar y empezar (PCE). Empleados, proveedores y clientes
8. Ejecución
    a. Orden
        i. Funciones y responsabilidades clave
        ii. Procesos
        iii. Sistemas
    b. Visibilidad (Hazlo evidente)
        i. Proyectos o rocas
        ii. Tareas o acciones
        iii. Indicadores
    c. Rapidez
        i. Mantén el balón en el juego. Producto mínimo viable (PMV) y Ciclo de prueba rápida (CPR)
        ii. Mantén al equipo enfocado e inspirado
            1. Enfoques
            2. Lema trimestral
        iii. Reuniones
9. Restricciones
    a. Teoría de las restricciones (TOC)

    b. Efectivo
    c. Personal
    d. Tecnología
    e. Procesos
    f. Mercado

10. Interdependencia
    a. Independiente, dependiente. Interdependiente
    b. El poder interdependiente del método
    c. Tú puedes hacerlo

11. Anexos
    a. Visión y cultura estratégica VCE. Estrategia en una página
    b. Tablero de control de empleados TCE
    c. Desarrollador de Jugadores A
    d. Lista de verificación de cohesión
    e. Cuadro de indicadores de seguimiento CIS

Reconocimientos y agradecimientos

Este libro me ha hecho creer aún más que cuando deseas algo con la fuerza suficiente y tienes motivos verdaderos para ir por ello, lo lograrás independientemente de los recursos que tengas a la mano. Durante el proceso que me llevó escribirlo, reconocí en mí una mayor capacidad de síntesis, de encontrar oro en diversos materiales con los cuales construí los conceptos, y de la importancia de mantenerse a la vanguardia.

Agradezco a mi esposa Lorena Serrano, quien desde antes de ser esposos, e incluso antes, antes de ser novios, ya me demandaba mejorar constantemente. Agradezco a mis hijos Hugo, Naomi y David, que son mi motor y mi combustible. Sepan que ustedes pueden lograr todo, todo, todo lo que se propongan realmente, de forma auténtica y que venga desde la raíz de su corazón. No hay límites. Los amo con todo mi corazón.

Agradezco a mis padres, Arnulfo Barraza y Conchita Valadez, quienes formaron en mí la capacidad de creer, me sembraron el hambre de conocimiento y superación, y me dieron la libertad y confianza para ir por mis sueños. Sé que todo lo que me han dado, ha sido con el más puro de los amores. Muchas gracias. Mi amor por ustedes no tiene fin. Les dedico éste, mi primer libro.

Agradezco a mi equipo de trabajo, quienes constantemente me hacen querer esforzarme más para merecerlos en mi empresa. Gracias a Ángel Singh por sus observaciones y recomendaciones a los primeros borradores. Gracias también a otros amigos, como Mario Rodriguez y Adalyd Laurean, que se dieron el tiempo de leerlo y darme sus observaciones que con mucho agradecimiento y humildad consideré en esta obra. Gracias también a muchas personas que han sido mis mentores en el ámbito empresarial.

Gracias Dios, por usarme como el medio para poner tu mensaje en esta obra que estará en manos de muchos empresarios que al poner en práctica este método se beneficiarán, no sólo a sí mismos, sino también a sus clientes, empleados y proveedores.

Hugo Ernesto Barraza Valadez

© Hugo Ernesto Barraza Valadez 2022. All right reserved.

Prefacio

Este libro es práctico, no trata de demostrar algo de forma teórica. Está pensado para que se ponga en práctica por quien desee obtener un resultado y rendimiento tangible. Es un libro escrito desde la práctica y la experiencia con herramientas y metodologías que dan resultados, para quienes las aplican de forma constante y disciplinada.

Tiene como objetivo ayudar a los empresarios que se sienten agobiados por su empresa, aquellos que no encuentran una forma rentable y sostenible de mantener el control operativo de su negocio, y por lo mismo, sienten que se les está yendo la vida en ello. El empresario que estudie y aplique lo que aquí describo, empezará a disfrutar menor drama operativo durante el crecimiento, ya sea de volumen de sucursales o el crecimiento profesional de su organización. Por otro lado, tiene la intención de otorgarle más libertad para sí mismo, para que siga construyendo su visión, que siga abriendo el camino, que forme una nueva empresa o que pase más tiempo con las personas que ama. Los beneficiados son, pues, el empresario que puede seguir viendo al frente con la mirada puesta en el futuro, su equipo de colaboradores que encuentran una forma certera, estructurada y ordenada de mantener y generar resultados, y la sociedad, ya que la cultura de trabajo que crea genera mejores personas, que llevan poco a poco el mensaje a su casa y al ponerlo en práctica lo dispersan de forma permanente.

Quise escribir este libro ya que a lo largo de mi experiencia como trabajador, gerente, directivo y más recientemente como empresario, me he podido dar cuenta de lo demandante que pueden ser las empresas. Pueden llegar a serlo de un modo que muchos quieren ser empresarios, pero no todos se atreven a serlo. La realidad es que es una profesión noble a través de la cual se puede cambiar el mundo y crear mejores sociedades. Por ese motivo, el empresario debe profesionalizarse constantemente, estudiar un método y aplicarlo en su propia vida y en su empresa.

No te pido que lo leas, te pido que lo estudies, lo expliques a 10 personas dentro de tu círculo cercano y que lo apliques en ti y en tu empresa. Es la única forma en la que encontrarás retorno de inversión.

Espero que disfrutes ejecutar todos y cada uno de los temas desarrollados en este libro, así como yo disfruté escribirlo.

© Hugo Ernesto Barraza Valadez 2022. All right reserved.

Mejores empresarios, mejores empresas, mejores sociedades

Hugo Ernesto Barraza Valadez

© *Hugo Ernesto Barraza Valadez 2022. All right reserved.*

El Método GOD©

"Dirigir un ejército de 10 hombres o de 1,000 es lo mismo; todo depende del orden y estructura." –Sun Tzu, en El Arte De La Guerra.

En las empresas, es necesario conseguir disciplina para lograr lo que se quiere. Es necesario plasmar lo que se quiere y cómo se quiere lograr. En este sentido es importantísimo ser capaces de poder ejecutar los planes con disciplina. En esta parte es en donde muchas empresas fallan y aunque pudiera verse que tienen cierto grado de éxito, la realidad es que mantienen una constante lucha por poder plasmar las acciones y conseguir el empuje mediante la ejecución.

El método **GOD**©, o *Growth Operating Discipline*[1], nos da una idea clara de los elementos o factores que intervienen en la formación de hábitos, acciones y disciplinas necesarias para poder llevar a cabo los planes, mediante un equipo cohesionado y con un sistema sostenible que genera enfoque. Cada empresa, por pequeña o grande que sea puede ser explicada en componentes o factores básicos que la construyen. Si trabajamos en cada uno de ellos como parte de un todo, nos ayudará a clarificar los planes.

The GOD Method© no es para sacar a una empresa de la quiebra. En ese caso, se requiere de un enfoque financiero, con flujo de efectivo positivo y un cuidado de diversos factores financieros para lograrlo. El **Growth Operating Discipline (GOD)**© es para empresas que tienen algunos resultados positivos, su presión no es financiera, ya que han logrado cierto nivel de éxito en el pasado, pero quieren pasar de ser una empresa buena, o relativamente buena, a ser una extraordinaria.

Las operaciones pueden llegar a ser un dolor de cabeza para cualquier empresa, directivo o gerente que no tenga la claridad y visión de las actividades que lo hacen generar buenos resultados, crear consistencia operativa y tener un impacto constante y consistente. Las operaciones, en el ámbito empresarial, se refieren a las actividades o personas involucradas en la producción, creación o entrega del producto o servicio que se ofrece. De esta forma, en una empresa de retail, las operaciones tienen que ver con su personal en

---

[1] *Disciplina: Conjunto de reglas o normas cuyo cumplimiento de manera constante conducen a cierto resultado.*

tiendas, sus tiendas en sí, las exhibiciones y el servicio que se presta en el punto de venta, la logística de entrada o de salida de productos, etc. Por otro lado, no tiene mucho que ver con las actividades de contabilidad, pago a proveedores, ni de mercadotecnia, que están más enfocadas en el control administrativo y la generación de demanda.

En una empresa restaurantera, por ejemplo, sus operaciones tendrían que ver con sus establecimientos físicos, la atmósfera y ambiente del lugar, su personal involucrado en el desarrollo de los platillos, la entrega de los mismos y la generación de la experiencia de servicio. Todas las actividades de entrega de insumos y materias primas también tendrían que ver con sus operaciones, ya que tienen un impacto grande en la calidad del producto final.

Esto se logra por medio de disciplinas de planeación, reuniones y prioridades (rocas[2]) bajo una consecución de pasos y criterios formados por la estructura que se ilustra en la Figura 1.

Figura 1: Pirámide GOD©

---

[2] Cuando nos referimos a una roca nos referimos a tareas que son importantes y relevantes para los objetivos de la empresa.

© Hugo Ernesto Barraza Valadez 2022. All right reserved.

La anterior pirámide nos muestra de manera gráfica los seis bloques que conforman **The GOD Method**©, los cuales estudiaremos de forma individual para profundizar. Sin embargo, es importante entender cómo cada uno de estos bloques es parte importante del todo, de forma interdependiente.

The GOD Method® propone visualizar una estrategia en la que cada bloque se entiende de la siguiente manera:

Cultura

Es la base del método, ya que cuando se tiene, es más sencillo alinear los esfuerzos de todos en el equipo para dirigirlos al objetivo en común. Con ella, se forman las mentalidades correctas y necesarias para conseguir los objetivos.

Equipo

Es ideal tener una mentalidad correcta, con comportamientos idóneos, visiones apasionadas y propósitos inspiradores. Sin embargo, estos no se construyen por sí solos, se necesita un equipo. El empresario debe saber elegir a los miembros adecuados, definir correctamente sus funciones y enfocarlos.

Métricas

Empezamos a salir un poco del corazón de la empresa para adentrarnos en la parte numérica. Las empresas necesitan dirección y comparación, además de rumbo y un equipo disciplinado. Los indicadores nos dan una retroalimentación objetiva de nuestro desempeño de manera constante.

Estrategia

Este bloque nos ayudará a generar ventajas competitivas que nos coloquen en una posición de liderazgo, y nos enseñará a ir en búsqueda de oportunidades estratégicas en el mercado. En este punto ya contamos con una cultura sólida, un equipo disciplinado y alineado, capaz de medir y detectar oportunidades por medio de métricas y de un pensamiento objetivo.

Ejecución

Es la recurrencia de resultados por medio de procesos y sistemas diseñados por la misma empresa para entregar de forma constante y continua su propuesta de valor. Desarrollaremos conceptos e ideas que por medio de la repetición, introduciremos en el lenguaje de la empresa. El idioma común será la ejecución constante, consistente y recurrente.

Restricciones

En este punto, la pirámide está casi completa, tenemos el cuerpo de la empresa construido, alineado y aceitado para ir en búsqueda de nuevos horizontes y mercados, rompiendo cada vez aquellas restricciones que obstaculizan el crecimiento y las utilidades de la compañía.

Liderazgo

Los líderes de negocios más exitosos son aquellos que ejecutan y saben ejecutar a través de otras personas, generando disciplina para enfocar a toda la organización y creando una atmósfera de responsabilidad. El liderazgo es la capacidad del empresario para mantener a la empresa en crecimiento y en plena forma.

Pues, como lo dijo Patrick Lencioni en su libro *Las cuatro obsesiones de un ejecutivo extraordinario*, las empresas que sobresalen son aquellas que son inteligentes y saludables. La primera característica de una empresa sobresaliente es desarrollar estrategias inteligentes, planes de marketing, productos o servicios novedosos y modelos de negocios que llevan a ventajas competitivas. La segunda es eliminar confusiones e incertidumbre, burocracia y política, lo cual lleva a una mejor moral del personal, menor rotación y mayor productividad. **El Método GOD**© fue creado para ayudarte a alcanzar la segunda característica.

A lo largo de nuestra experiencia en muchas empresas, y después de varios años, hemos visto funcionar este método de forma en que la empresa, por las personas que la componen, logra sus objetivos y el esfuerzo que se necesita imprimir para ejecutar las tareas y acciones es menor.

© Hugo Ernesto Barraza Valadez 2022. All right reserved.

Fases de estancamiento

Las personas pasan por fases de estancamiento, las cuales son necesarias para generar un círculo más de crecimiento. Esto se debe a que, evidentemente, ninguno de nosotros nació con las competencias o talentos para desarrollar cierta tarea. Sin embargo, sí nacimos con la posibilidad de aprender, de mejorar y detectar nuestras oportunidades de forma consciente para trabajarlas. Con el paso del tiempo, podemos llegar a dominar tareas cada vez más complejas, conforme nuestro nivel de experiencia también se fortalece. No es que la naturaleza de la tarea cambie, sino que nuestro dominio para realizarla es cada vez mayor.

Es inevitable que como personas dominemos ciertas tareas y grados diferentes de complejidad en temas personales y profesionales. Cuando algo se nos hace complejo, normalmente es porque no lo dominamos o no lo conocemos. En ese sentido, nos topamos con una barrera o techo de "incompetencia" que requiere nuevos métodos o formas de hacer las cosas. Requiere estudio, consejos o puesta en práctica de teorías y sistemas diferentes. Quedarnos aquí, ya sea por terquedad o por falta de razonamiento, es algo que va en contra de nuestra naturaleza y nos mantiene en un nivel de competencia insuficiente para los nuevos retos que se nos presentan.

Las empresas pasan por el mismo proceso y superan valles de incompetencia con períodos de crecimiento, como podemos observar en la Figura 2.

Figura 2: Valle de la incompetencia

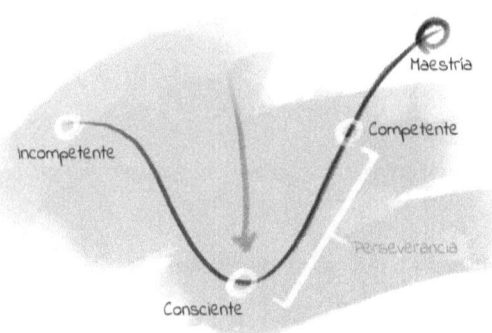

© Hugo Ernesto Barraza Valadez 2022. All right reserved.

Incluso los departamentos o unidades de negocio de la empresa atraviesan períodos de incompetencia. Si de forma individual y personal lo hacemos, las empresas con mayor razón, ya que están conformadas por personas. Los líderes necesitan saber esto, sentirse seguros al pasar por un valle y tener la humildad de aceptarlo, pedir ayuda y poner en práctica planes y aprendizajes nuevos.

Las empresas, como las personas, necesitan crecer. Si no crecemos, nos estancamos y lo que se queda estancado con el tiempo se pudre. En el caso de una empresa, si no crece, retrocede, ya que su competencia continúa creciendo y poco a poco la va dejando atrás. El mercado está creciendo y sus consumidores evolucionando, por lo que la empresa que no es capaz de superar el valle de la incompetencia, no tardará en dejar de ser una opción para su mercado.

Crecer puede llegar a ser muy doloroso cuando no se tiene la estrategia correcta y muchas empresas fracasan debido a que no saben cómo responder ante el crecimiento. Según el Buró de Estadísticas Laborales de los Estados Unidos, el 18% de las empresas fracasan dentro del primer año, 50% después del quinto año y el 65% de las empresas lo hacen para el año 10.[3]

Sin embargo, hay buenas noticias, se puede evitar el fracaso y adaptarse para el crecimiento por medio de las siguientes cuestiones clave:

1. Equipo de liderazgo cohesionado y con una única cultura de trabajo
2. Disciplinas operativas sencillas y contundentes orientadas a la ejecución
3. Procesos clave establecidos
4. Estrategia ganadora
5. Eliminar restricciones cada vez que aparezcan

Cada uno de estos elementos los estudiaremos a detalle en cada capítulo. Toda esta metodología, en general, nos dará la capacidad de:

1. Estructurar mediante la formación de más líderes
2. Delegar

---

[3] Bureau of Labor Statistics (2022). Consultado en mayo 2023. Disponible en: https://www.bankrate.com/finance/credit-cards/small-business-statistics/#financial

© Hugo Ernesto Barraza Valadez 2022. All right reserved.

3. Sistematizar
4. Predecir y anticiparse
5. Simplificar

Mentalidad de crecimiento

Para crecer necesitas tener la disposición de aceptar que hay muchas cosas que no sabes, cosas que no tienes en ese momento la competencia para desarrollar y también cosas que no sabes que no sabes (Figura 3). En las cuestiones que no sabes reside una gran oportunidad de aprender y crecer, pero en donde están las posibilidades infinitas es en aquello que no sabemos que no sabemos. Ahí reside una gran oportunidad de crecer, aprender, implementar y, por lo tanto, evolucionar a niveles insospechados.

Figura 3: Diagrama de evolución

La mentalidad de crecimiento requiere ser vulnerable, aceptar debilidades, admitir mejores formas de llevar a cabo algo y aceptar que el camino, de ahora en adelante, deberá variar respecto a las formas de hacerlo en el pasado. El pasado no es malo, porque para empezar trajo a la empresa a este preciso momento y eso en sí es bueno. Pero simple y sencillamente, las formas y sistemas utilizados en el pasado, ya no aplican para el futuro de la empresa o para aquello que el emprendedor quiere crear.

© Hugo Ernesto Barraza Valadez 2022. All right reserved.

Cuando elevamos nuestro grado de consciencia en lo que sabemos y lo que no sabemos, nuestras posibilidades de acción son infinitas y podemos actuar en esa área sin forma, que representa el no saber que no sabemos.

El sistema operativo

Las computadoras, los teléfonos celulares, los automóviles y prácticamente cualquier aparato electrónico en este momento utiliza un sistema operativo que le hace ejecutar las acciones que los usuarios le dictan. Este programa está diseñado para sacar el máximo provecho del mismo, aprende del usuario y continúa mejorando conforme pasa el tiempo y más usuarios lo utilizan (nivel de uso).

Estos aparatos electrónicos no podrían usar dos sistemas a la vez porque entonces se confundirían y no ejecutarían bien ninguno de los dos. Por eso es importante que te comprometas con el uso de un sistema operativo para tu empresa, el que consideres mejor y más completo para llevarte cada vez más al siguiente nivel. Este libro te ofrece **The GOD Method©**.

El método GOD© puede ser implementado como un sistema flexible que se adapta a las necesidades y circunstancias de tu empresa, evolucionando con la misma, así como con el personal de la empresa. No es un método estricto, sino que permite la retroalimentación constante y práctica de cada miembro del equipo. El punto es que al aplicarlo lo hagas tuyo y lo nombres como a ti te convenga. Como te darás cuenta, a lo largo de este libro el nombre del método puede variar, pero siempre se refiere al mismo.

© Hugo Ernesto Barraza Valadez 2022. All right reserved.

Cultura

Por cultura nos referimos a los comportamientos perceptibles, y muchas veces observables, que las personas tienen en su interactuar diario en la empresa. ¿Tienen espíritu de servicio? ¿Cómo lo sabes? ¿Cómo puedes estar seguro? ¿Son personas honestas y transparentes en general? ¿De qué forma te das cuenta? ¿Les has preguntado a tus proveedores? ¿Qué tal a tus clientes?

Los comportamientos que nuestro personal tiene entre ellos mismos, con otras personas o clientes, y que se dan de forma común y corriente, hacen parte de la cultura de trabajo. Un miembro del equipo que no está dispuesto a colaborar con sus compañeros, por ejemplo, puede verse como una actitud individual y en ocasiones podría pasar desapercibida. La cuestión es que si ese tipo de comportamientos no se corrigen, empezarán a pasar de ser individuales, a grupales y luego a toda la empresa. Hay empresas en las que sus líderes quieren sentirse adulados para demostrar poder y sentir que tienen el control. Eso, conforme pasa el tiempo, puede ser algo que adopten los elementos de liderazgo debajo de ellos en el organigrama y después de un tiempo, ser un comportamiento de cada líder en la organización. En los años que he transcurrido en varias empresas, como colaborador y posteriormente como consultor de las mismas, he visto, por ejemplo, una cultura en donde la administración está peleada con los de ventas, y estos a su vez con los de operaciones, que a su vez, pelean con los de producción. Pelear, luchar por el poder y hacer ver mal al otro, es cultural y es generado por la empresa y sus miembros. Si tú no diseñas tu cultura, ella misma se generará.

En esta parte también nos referimos a los documentos que muchas veces están escritos pero que nunca nadie desempolva, como la misión, visión y valores. Me han preguntado muchas veces el porqué, a pesar que se tienen escritos y enmarcados en la pared, los empleados no los saben o no los siguen. Como si el hecho de tenerlos colgados en la pared fuera suficiente. En ocasiones, asistimos a reuniones y simplemente con ver cómo inician la sesión de trabajo, en oficinas corporativas, sucursales o cualquier oficina de la empresa, nos damos cuenta de los porqué. La razón es que no se toman al menos cinco minutos para revisar estos estatutos y reconocer a alguien que haya cumplido con alguno en la semana. Tampoco se señala alguna cuestión relevante que recaiga en la cultura. La cultura organizacional se debe recordar e implementar constantemente.

Los dueños de empresa o directivos que quisieran que sus colaboradores sigan la cultura, sin tener hábitos de repetición o de reforzamiento, es como si quisieran bajar de peso o de talla sin cuidar su alimentación y/o mantener un régimen de ejercicio. Con esto, quiero dejar en claro que la cultura se instala a base de diseño, promulgación, repetición y ejecución, principalmente en uno mismo. Más vale que las empresas definan el tipo de cultura que quieren, porque si no, la cultura se generará con ellos, sin ellos, o a pesar de ellos.

La cultura organizacional está en la base de **The GOD Method**© debido a que es el cimiento de todo. Todo se construye sobre este elemento, ya que es lo que mantiene unido a todo el equipo y le da un sentido y rumbo, al brindar pertenencia y propósito. Sin este elemento todo lo demás será frágil.

La cultura son todos aquellos comportamientos que nuestro equipo de trabajo tiene en todo momento, aún cuando no los están viendo. Esto se refiere también a las creencias y valores que tienen y que, por lo tanto, guían sus decisiones y formas de actuar.

La cultura puede ser observada y nutrida en el día a día, en cada interacción con un colaborador o con un grupo de ellos. Por ejemplo, al iniciar una reunión, al momento de estar frente a un cliente, negociando con proveedores, al realizar una reunión con el equipo de ventas o de producción. Puede ser observada y transmitida, cuando entrevistamos a un candidato para un puesto y cuando damos la bienvenida a alguien nuevo a la empresa. Incluso, cuando separamos de la empresa a algún colaborador.

En nuestro **Método GOD**© también incluímos las propuestas de valor que brindamos a nuestro mercado target, así como los atributos y cuestiones que nos hacen fuertes y diferentes frente a la competencia.

Visión

Tener visión es crucial en cualquier empresario o emprendedor. La visión es la capacidad de poder ver algo que todavía no ha sido creado y plasmar cada uno de sus detalles en acciones presentes, pensando en un futuro. Esta capacidad de un buen empresario es algo de admirarse, porque dicta el rumbo de la empresa, de sus trabajadores y de su aportación

a la sociedad. Necesita, pues, una gran imaginación y fuerza de voluntad para crear en su mente lo que ve que juntos pueden lograr y darle una nueva interpretación al presente.

En lo personal, me he dado cuenta de que muchos emprendedores tienen esta capacidad y lo plasman claramente en su imaginación. El detalle es que son incapaces de transmitir la misma imagen con los mismos detalles, en el equipo que los rodea. En este sentido, se genera una disonancia[1] entre lo que el empresario ve que juntos pueden lograr y lo que el equipo entiende y cree que es posible ayudar a lograr (Figura 4).

Figura 4: Disonancia en la visión

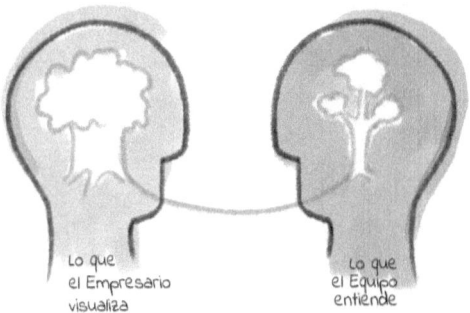

Hacer que el equipo comprenda y vea las mismas características de la visión es algo primordial y por eso debemos realizar un esfuerzo por discutir una visión para todos. Éste es uno de los elementos principales para la toma de decisiones financieras, valores, contratación de personal, procesos y clientes.

Para aclarar mejor la visión para todos, en el **Método GOD**© desarrollamos dos elementos que complementan la cultura organizacional de la empresa. Estos son la **Vision Story**© y el **Manifiesto**©, los cuales veremos más adelante.

---

[1] Falta de correspondencia, conformidad o igualdad entre dos o más cosas.

© *Hugo Ernesto Barraza Valadez 2022. All right reserved.*

Meta a 10 años: audaz y descabellada

Jim Collins y Jerry Porras, en su libro *Built to Last* (Collins, *et al.* 2002), nombraron a esta meta BHAGs, por sus siglas en inglés que significan "Metas grandes, audaces y descabelladas". Lo hicieron así porque encontraron que las compañías que más han perdurado en el tiempo tienen la característica de fijar metas a largo plazo, de 10 a 25 años.

Este tipo de metas son importantes porque dan dirección a largo plazo, brindan un punto focal al cual mirar y que no está determinado por el contexto actual. En 10 años, muchas cosas pueden pasar, pero también se pueden poner en marcha muchas acciones que nos encaminen cada vez más a nuestra visión y meta. Esta meta es objetiva, es decir, fija un número de ingresos, rentabilidad, o posición de mercado. Y no debe confundirse con la visión, ya que ésta es más emocional y subjetiva. La visión no tiene fecha de caducidad, mientras que la meta BHAG sí la tiene.

Tu meta a 10 años debe tener la característica SMART (*Specific, Measurable, Attainable, Relevant and Timely*), es decir, debe ser:
- ☐ Específica
- ☐ Medible
- ☐ Alcanzable
- ☐ Relevante
- ☐ Tiempo definido

Hay dos métodos para definir tu meta a 10 años:

El primero es el irracional: sin considerar nada del contexto actual de la empresa, es la forma más irreverente y creativa. De esta forma, te imaginas lanzando la "piedra" de tu meta a un número que sería super genial lograr en 10 años. No importa si en este momento parece inalcanzable para tu empresa, al contrario, debes sentir un poco de pena al mencionarla de lo irreal que suena y tu equipo debe pensar que algo se te zafó en la cabeza.

El segundo es el racional: pídele a tu equipo y, por supuesto a ti mismo, considerar la situación actual de la empresa en cuanto a ingresos anuales, número de clientes totales, o número de sucursales, también puede ser utilidad anual. Con base en estos números, crea

tres escenarios de meta en cada indicador: el realista, el optimista y el fuera de este mundo. Después, plasma tus porqués en cada uno de estos números. Lo mismo debe hacer tu equipo. Tú y cada uno en el equipo expongan sus escenarios y razones, anótalos en un pizarrón u hoja que todos puedan ver y definan uno en cada escenario. Luego, toma el escenario realista y multiplícalo por 100, el escenario optimista por 50 y el fuera de este mundo por 10. De los resultados elige uno solo y plásmalo como tu meta a 10 años.

Misión

La misión es la razón de ser de la empresa. ¿Por qué está aquí? ¿Cuál es la razón de su existencia? Es la razón principal por la cual la empresa existe.

Al describir la misión, describimos el propósito de la empresa y, por lo tanto, de todos y cada uno de sus integrantes. Este propósito se encuentra en lo más profundo de la respuesta a la pregunta "¿Por qué?". Y digo que en lo profundo, porque normalmente llegamos a la raíz después de preguntarnos y respondernos al menos cinco veces "¿Por qué?".

El Círculo de Oro

Simon Sinek explica el concepto del propósito para inspirar y motivar a nuestros equipos de trabajo por medio de lo que él llama el Círculo de Oro en su libro *Start With Why* (Sinek, 2011). El autor lo llama así, porque empieza del centro hacia afuera, siendo el "¿por qué?", el corazón del círculo que se aterriza a través del "¿cómo?" y del "¿qué?".

Figura 5: Círculo de Oro

Adaptada de: *Start with why*, por S. Sinek, 2011, Penguin Publishing Group.

En este libro, el autor utiliza este modelo para explicar cómo líderes legendarios como los hermanos Wright, Martin Luther King y, más recientemente, el afamado emprendedor Steve Jobs, fueron capaces de inspirar, en lugar de manipular, para motivar a la gente.

¿Por qué?

Toda empresa debe saber articular por qué hace lo que hace, cuál es el propósito y creencia principal. Según Sinek, "la gente no compra lo que haces, compra por qué lo haces". Tu gran porqué, hará que rompas cualquier barrera, hará que te levantes de la cama diariamente y será un gran pegamento de las voluntades de todas las personas en tu empresa. No importará lo que requieras hacer, tu gran propósito te hará tocar esa siguiente puerta que puede cambiar todo, o trabajar más tiempo del necesario con el fin de lograrlo.

¿Cómo?

Toda empresa debe definir su cómo cumplirá su propósito, su porqué. Para esto, debe diseñar sus valores, comportamientos y principios que guiarán su ejecución en la empresa. El cómo convence al equipo de que somos las personas indicadas para lograr ese propósito y al cliente de que somos los indicados para cubrir sus necesidades.

En esta parte también podemos describir las propuestas de valor únicas y diferenciadoras de la empresa. ¿Cuáles son las fortalezas que los hacen únicos para dar valor a sus clientes?

¿Qué?

El qué describe los productos o servicios que la empresa ofrece. Es el que da descripciones más racionales de lo que la compañía realiza y, por lo tanto, está en la parte externa del Círculo de Oro.

Como líderes y como empresa, lo ideal es que comuniquemos mensajes tanto internos como externos, empezando desde el centro del Círculo de Oro, desde el porqué. Sinek nos plasma un ejemplo de cómo Apple aprovecha este círculo para inspirar sus esfuerzos de marketing y al equipo interno. Desde el centro hacia afuera, del "¿por qué?" al "¿qué?".

En este ejemplo, nos dice…

"Desafiamos el *status quo* con lo que hacemos, pensamos de forma diferente al diseñar productos bonitos y fáciles de utilizar, por lo que creamos grandes ordenadores." ¿Quieres comprar uno?

El mismo mensaje, excluyendo el porqué y siguiendo el marketing tradicional, luciría más o menos de la siguiente forma:

"Fabricamos grandes ordenadores, con diseño bonito y fácil de utilizar." ¿Quieres comprar uno?

Por lo tanto, para encontrar la misión de la empresa es necesario reflexionar sobre el Círculo de Oro, preguntando constantemente "¿por qué?".

En ocasiones, no se llega a la misión en la primera, y te quedas con una serie de bosquejos que representan lo que quieres decir. Evita desesperarte, extrae lo que más te apasiona de cada bosquejo y fíjalo en uno solo, ve eliminando los demás. Al final, compáralo con el siguiente *checklist*.

☐ Se describe el porqué, cómo y qué

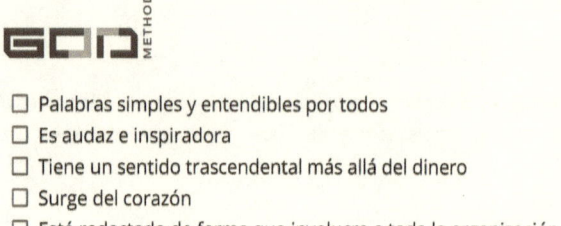

- ☐ Palabras simples y entendibles por todos
- ☐ Es audaz e inspiradora
- ☐ Tiene un sentido trascendental más allá del dinero
- ☐ Surge del corazón
- ☐ Está redactado de forma que involucre a toda la organización

Valores

Los valores son las reglas del juego y la cancha es tu empresa. Son aquellos comportamientos con los cuales tu equipo jugará y con los que al hacerlo, se siembran las bases de actitudes y acciones necesarias para lograr la visión y encaminarse a la **Vision Story**© que juntos van a redactar.

Es muy importante recalcar que dediquen tiempo juntos a establecer los valores, porque estos se tomarán en cuenta para la toma de decisiones posteriores. Por ejemplo, son valiosísimos al momento de estar reclutando personal para la empresa, ya que guiarán la contratación de tus jugadores de equipo.

Una forma muy poderosa para encontrar tus valores es que le cuentes al equipo la historia de la empresa, con sus altas y sus bajas, sus aciertos y desaciertos, sus momentos de bonanza y sus momentos de penurias, todo. De preferencia, haz una grabación de este momento para que puedas repetirlo cuantas veces quieras, profundiza sobre tu historia con todos los detalles. Una vez terminado y grabado, haz un repaso de la grabación y pide a tu equipo que sean observadores para hacer preguntas en los momentos en que algo les llame la atención. Por ejemplo, ¿qué pasaba por tu mente cuando no tenías para pagar la nómina en esa ocasión? ¿Qué tuvo que pasar para que pudieras salir de ese bache? ¿Recuerdas qué hiciste para salir adelante? Si pudieras nombrarlo de alguna forma, ¿cómo le llamarías a ese comportamiento?

He hecho este ejercicio muchas veces con clientes y encuentro que los valores que surgen de ahí son mucho más poderosos y cargados de emoción. Hemos encontrado que hay momentos en los que debe existir la persistencia o perseverancia para poder seguir adelante, o que la innovación logra modificar situaciones que no estaban funcionando, y al hacerlo, se crea el gran modelo de negocio que ha llevado a la empresa hasta lo que es en ese momento.

© Hugo Ernesto Barraza Valadez 2022. All right reserved.

Si quieres extraer más comportamientos que ya son parte de tu empresa, realiza un ejercicio de reconocimiento. Reúne a tu equipo y pídeles que cada uno nombre a una persona del equipo presente o que no esté presente y diga qué virtud o comportamiento valora más en esa persona. Por lo regular, las respuestas serán amplias. Mencionando de diversas formas una misma virtud, busca encaminar a esa persona que lo mencionó y al equipo para que capturen ese comportamiento o virtud en una palabra, ese será el valor de inicio.

Al final de un ejercicio como éste, tendrás una lista de más de 20 comportamientos o virtudes que muchas veces se parecen entre sí mismos. Sin eliminar ninguno, pide a tu equipo que elija los cinco valores que creen que serán indispensables y muy necesarios para ir por esa visión. Asigna puntos a cada valor conforme tu equipo te va diciendo aquellos que eligieron, luego ordena de mayor a menor. Los valores o comportamientos que quedan después del sexto lugar los usarás para enriquecer las descripciones de los primeros cinco, cuando aplique y sea lógico hacerlo.

Agenda tiempo para describir los valores, buscando ser breve pero explicativo. Si hay algún valor que no haya quedado en los primeros cinco, pero que tú consideras necesario, elígelo y ponlo como un sexto valor. En este caso, tú tienes la última palabra de qué valores los acompañarán en el camino.

Manifiesto[2]

Este elemento de la cultura guarda una importancia crucial y diferente a las demás. En un manifiesto, lo que se hace es describir con profundidad y emotividad algunos de los términos, frases o palabras que surjan en nuestra declaración de misión y de visión. Para evitar confusiones y ambigüedades, por ejemplo, en ocasiones podemos decir en nuestra visión que buscamos ser líderes. ¿Qué es eso en nuestra empresa? ¿Cómo luce ser líder en nuestra industria? En el manifiesto plasmamos más características sobre esos términos para que nos sirvan mejor de guía sobre quienes debemos ser para lograr tener lo que buscamos según nuestra visión.

---

[2] Adj: Que es evidente, se ve o percibe con claridad. Nombre masculino: Escrito breve que un grupo o movimiento político, religioso, filosófico, artístico o literario dirige a la opinión pública para exponer y defender su programa de acción considerado revolucionario o novedoso con respecto a lo establecido anteriormente.

© *Hugo Ernesto Barraza Valadez 2022. All right reserved.*

En este documento, plasmamos las definiciones, de la cultura, comportamientos, creencias y comportamientos, que según nuestro criterio, nos llevarán a nuestra visión. Al pensar y conducirnos de tal forma, todos y cada uno de los días de forma disciplinada alcanzaremos nuestro objetivo.

En esta parte incluso podemos plasmar frases célebres de personajes que admiramos y que explican de forma poderosa, los comportamientos y actitudes que queremos extraer de todos en la empresa.

Vision Story©

Una forma de hacer más visible nuestra visión de la empresa, por medio de la imaginación, es gracias a la redacción de una **Vision Story**©. A través de una **Vision Story**© contamos la historia de lo que queremos que sea el futuro de la empresa. Para esto, sigue los siguientes pasos:

1. Reúnete con tu equipo de liderazgo
2. Establezcan una fecha 10 años después de la actual y escríbanla
3. De forma individual, reflexionen cada uno acerca de las siguientes preguntas:
    a. ¿Cómo sería esa empresa de la cual se sentirían orgullosos de haber creado?
    b. ¿En qué mercados (país, estados o ciudades) se encuentra? ¿Cuántas oficinas-sucursales tiene?
    c. ¿Qué tipo de líderes están con ustedes? ¿Cuál es la cultura empresarial? ¿Cómo lucen las reuniones y el ambiente laboral?
    d. ¿Cuáles son las compensaciones que reciben? ¿Cuáles son las prestaciones?
    e. ¿Cuáles son las necesidades que ayudan a resolver los problemas de los clientes?
    f. ¿De qué forma se celebran los triunfos como equipo? ¿Valoran las interrelaciones familiares y más personales?

Evita limitarte a sólo estas preguntas y haz que sirvan de guía. Plasma una **Vision Story**© con la empresa ideal en la que te gustaría trabajar junto con tu equipo. Al final, debe quedarte una redacción perfectamente clara de las características y personalidad de tu empresa 10 años después, que sirva de referencia para las reuniones con tu equipo.

© Hugo Ernesto Barraza Valadez 2022. All right reserved.

El esfuerzo necesario para poder plasmar estos conceptos tan importantes al inicio es grande, debido a que son cuestiones fundamentales para el éxito. Así como en un edificio de 100 o más pisos, se empieza por construir los cimientos idóneos para poder soportar semejante estructura. Patrick Lencioni lo menciona perfectamente en su libro *Las cinco disfunciones de un equipo*, diciendo: "Si lograras que todas las personas en una organización remen en la misma dirección, podrías dominar cualquier industria, en cualquier mercado, contra cualquier competencia, en cualquier momento." A esta frase que me encanta, yo le agregaría que también se requiere que esas personas, además de ver en la misma dirección, sean personas que comparten la cultura de la empresa.

Conclusión

Las formas de pensar y de actuar de todos los miembros de tu empresa, incluyéndote, determinarán la calidad de resultados que logren. Así como el grado de gozo y felicidad que obtengan al realizar el trabajo.

Al poner en práctica lo aprendido en este capítulo serás capaz de:
1. Establecer una **Visión** motivante para ti y tu equipo de trabajo
2. Describir el porqué hacen lo que hacen, con un sentido inspirador por medio de la **Misión** y, de esta forma, tener un propósito por el que vale la pena trabajar
3. Establecer los comportamientos o valores que te llevarán a trabajar tu **Misión** diariamente y a lograr tu **Visión**
4. Describir de forma detallada las formas de actuar y de pensar por medio del **Manifiesto**
5. Contar una historia de tu sueño, mediante la **Vision Story**© como si ya estuviera sucediendo, de manera que te motive a ti y a tu equipo a seguir trabajando por ello

Como te darás cuenta, la cultura le dará mucho sentido al trabajo diario, a las interacciones y a las decisiones que diariamente deberás tomar en tu empresa. Al tener esto, contarás con el primer cimiento necesario para soportar la estructura de crecimiento en tu empresa, tendrás la claridad de ir por el siguiente bloque que te ayudará construir todos y cada uno de los siguientes elementos, sabrás elegir a las personas correctas y asignarles la posición correcta, y estarás armando el equipo perfecto que te acompañará en la travesía. ¡Abróchate el cinturón!

© *Hugo Ernesto Barraza Valadez 2022. All right reserved.*

Referencias

Collins, J. C., & Collins, J. (2001). *Good to Great: Why Some Companies Make the Leap...and Others Don't*. HarperCollins.

Collins, J. C., Collins, J., & Porras, J. I. (2002). *Built to Last: Successful Habits of Visionary Companies*. HarperCollins.

Sinek, S. (2011). *Start with Why: How Great Leaders Inspire Everyone to Take Action*. Penguin Publishing Group.

Equipo

Mientras más quieras crecer, más deberás estar respaldado por un equipo capaz, que pueda estar pendiente de más tareas, proyectos y asuntos de los que tú mismo serías capaz de realizar por tu cuenta. Hazte a la idea de que es imposible que estés enterado en todo momento de todo cuanto sucede en tu empresa. Los mejores empresarios saben esto y por eso se rodean de los mejores. Ellos sólo toman control de las cuestiones apremiantes y se centran en la estrategia de crecimiento de la empresa.

Al hablar de crecer, no sólo hablo del crecimiento físico, que se refiere a más oficinas, sucursales o más clientes, también me refiero a la decisión de profesionalizarse en la empresa. Se trata de pasar a resolver otro tipo de problemas y no siempre estar resbalando con los mismos problemas. Hay empresarios que no buscan crecer en número de sucursales, pero al menos intentan mejorar sus competencias y habilidades como organización.

Una cuestión relevante y estratégica para cualquiera de los dos tipos de crecimientos es saber elegir sabiamente al equipo y tener claridad y estructura para hacerlo. Después, es indispensable tener un equipo de liderazgo bien cohesionado que se vea reflejado en un actuar armónico, como una columna de batalla alineada única y unida. Este equipo debe ser un solo ente sobre el cual descansa toda la organización y debe mostrarse como un modelo a seguir. Es por ello que debe ser muy bueno en dos cosas en cuanto al personal se refiere. La primera es saber escoger sabiamente a las personas que formarán el equipo y lo segundo es saber configurar equipos cohesionados.

Tu empresa será tan grande, como grande sea su personal (en número y capacidad). Tus resultados estarán determinados por la grandeza de tu equipo de liderazgo.

Como ejecutivo, tu trabajo se reduce a lo siguiente:
1. Saber elegir a las personas que pertenecerán a tu equipo
2. Crear y generar las condiciones para que el equipo se cohesione cada vez más
3. Crearles enfoque, sabiendo elegir las cuestiones importantes de las que no lo son
4. Formar gente, cuidando la cultura de la empresa como el más acérrimo guardián

Elegir a los correctos

En las personas hay caracteres más afines al juego en equipo. Estos son aquellos que se les facilita actuar como miembros cohesionados de un grupo de personas, por su personalidad y valores. Describiremos a continuación estos caracteres y personalidades:

Virtudes

Este punto es tan importante que quise ser fiel a la descripción que Patrick Lencioni hace al respecto de los jugadores de equipo y las virtudes con las que estos deben de contar, en su libro *Equipos Ideales* (Lencioni, 2021).

Según Lencioni, un jugador ideal de equipo cuenta con las tres siguientes virtudes:

1. Humildad

    En el contexto del trabajo en equipo la humildad es, en buena medida, lo que parece ser. Los jugadores de equipo que destacan carecen de un ego desmedido y no les preocupa el estatus. Estas personas se apresuran a señalar las contribuciones de los demás y son remisos a la hora de recabar atención para sí mismos. Además, comparten el mérito, ponen al equipo por encima de sí mismos y definen el éxito como algo colectivo antes que individual. Así pues, no resulta sorprendente que la humildad sea el atributo individual más importante e indispensable de un jugador de equipo.

    Lo sorprendente es que muchos líderes que valoran el trabajo en equipo toleran a personas que no son humildes. Contratan a regañadientes a personas egocéntricas y luego lo justifican simplemente porque tales personas poseen los conocimientos deseados. O bien, ven el comportamiento arrogante de un empleado y no toman cartas en el asunto, invocando a menudo como excusa las aportaciones individuales de esa persona. El problema, está claro, es que los líderes no consideran el efecto que una persona arrogante y egocéntrica ejerce sobre el rendimiento general del equipo.

    Existen dos tipos básicos de personas que carecen de humildad, y es importante y hasta crucial comprenderlos, porque son diferentes entre sí y repercuten en el

equipo de forma distinta. El tipo más evidente es el de las personas abiertamente arrogantes que lo centran todo en ellas. Son fáciles de identificar porque tienden a alardear y a acaparar la atención. Es el tipo clásico de persona que se mueve por el egoísmo y que menoscaba el trabajo en equipo al favorecer el resentimiento, la división y las intrigas. La mayoría hemos visto este comportamiento numerosas veces a lo largo de nuestras carreras profesionales.

El siguiente tipo es mucho menos peligroso, pero aun así vale la pena comprenderlo. Son las personas que carecen de confianza en sí mismas, aunque son generosas y positivas con los demás. Así, suelen minimizar su propio talento y aportaciones, y en consecuencia, los demás las consideran erróneamente humildes. Pero esto no es humildad. Si bien a todas luces no son arrogantes, su incapacidad para comprender su propia valía es también una violación de la humildad. La gente verdaderamente humilde no se ve a sí misma superior de lo que son, pero tampoco desprecian sus talentos y contribuciones. C. S. Lewis hablaba de este equívoco sobre la humildad cuando dijo: "La humildad no es pensar menos de ti mismo, sino pensar menos en ti mismo".

Una persona con un sentido de la valía propia desmesuradamente reducida, a menudo, perjudica a los equipos por no defender sus ideas o por no llamar la atención sobre los problemas que observa. Aunque esta clase de falta de humildad es menos perturbadora y evidente que otros tipos más negativos, hace mella en el rendimiento óptimo de los equipos.

Lo que ambos tipos tienen en común es la inseguridad. La inseguridad provoca que algunas personas transmitan un exceso de confianza en sí mismas y que otras minimicen sus propios talentos. Y si bien estos tipos no son iguales en lo tocante a la naturaleza de los problemas que crean en un equipo, uno y otro menoscaban el rendimiento global del equipo.

2. Hambre

Las personas con hambre[1] siempre están buscando algo más. Más cosas que hacer, más que aprender, más responsabilidades que asumir. A la gente con hambre casi nunca la tiene que presionar un jefe para trabajar más, porque es emprendedora y

---

[1] Entendemos por "hambre" la ambición, curiosidad y ganas de superarse.

diligente. Estas personas están pensando permanentemente en el paso siguiente, en la siguiente oportunidad y detestan la idea de que se les pueda considerar vagos. No es difícil comprender por qué es fantástico contar con personas así en un equipo.

Sin embargo, es importante reparar en que algunos tipos de hambre no son buenos para un equipo y que incluso son malsanos. En algunas personas, el hambre puede estar orientada en un sentido egoísta que no busca el bien del equipo, sino el del individuo. Y en algunas otras, el hambre puede llevar hasta el extremo de que el trabajo adquiera demasiada preponderancia, consumiendo la identidad del empleado y dominando su vida. Cuando hablo de hambre, estoy pensando en la clase saludable, la que consiste en un compromiso razonable y sostenible de hacer bien un trabajo y de redoblar los esfuerzos cuando sea necesario.

De acuerdo, pocos líderes ignorarán a sabiendas la falta de hambre en su gente, seguramente porque las personas improductivas y sin pasión tienden a destacar y a provocar problemas evidentes en un equipo. Por desgracia, con demasiada frecuencia los líderes no avezados contratan a estas personas, porque la mayoría de los aspirantes saben cómo transmitir engañosamente un sentimiento de hambre durante las entrevistas normales. Como resultado, estos líderes pierden una cantidad desmesurada de tiempo en intentar motivar, castigar o despedir a los miembros sin hambre de su equipo una vez que están a bordo.

3. Empatía

En el contexto de un equipo, la empatía únicamente hace referencia al sentido común al tratar a las personas. Tiene mucho que ver con la capacidad de mantener relaciones interpersonales apropiadas y de estar atento. Las personas empáticas suelen saber lo que está pasando en una situación grupal y cómo tratar con los demás de la manera más eficaz. Hacen buenas preguntas, escuchan lo que dicen los otros y no pierden el hilo en las conversaciones.

Algunos podrían referirse a esto como inteligencia emocional, que no sería una mala comparación, pero la empatía es probablemente algo ligeramente más sencillo. Las personas empáticas simplemente se apoyan en su buen juicio e intuición para abordar las sutilezas de las dinámicas grupales y para valorar el impacto que tienen sus palabras y sus acciones. Por tanto, estas personas no dicen

ni hacen cosas —ni dejan de decir ni hacer cosas— sin tener en cuenta las reacciones de sus colegas.

Tengan presente que ser empático no implica necesariamente tener buenas intenciones. Las personas empáticas pueden utilizar sus talentos para fines buenos o malos. De hecho, algunas de las personas más peligrosas de la historia se han caracterizado por su empatía.

Figura 6: Virtudes del jugador de equipo

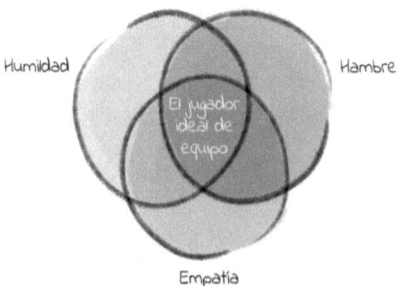

Adaptada de: *Equipos ideales*, por P. Lencioni, 2021, BookaVivo.

Si quieres profundizar más en el modelo del jugador ideal de equipo, puedes revisarlo en el libro *Equipos Ideales* de Patrick Lencioni (2021).

Seleccionar a los correctos

Para seleccionar al personal correcto, trabajaremos en el **TCE o Tablero de control del equipo**®. Este tablero es un formato que contiene las cuestiones únicas necesarias para hacer procesos de contratación eficaces, que te permitan detectar y elegir a las personas correctas para el equipo.

Uno de los pasos cruciales para iniciar bien un proceso de contratación es tener clara y definida la cultura de la empresa, el tipo de jugadores de equipo que queremos con nosotros y el tipo de mentalidad que requerimos que tengan. Si vas a construir algo

poderoso, más vale que vayas con las personas con la mentalidad adecuada para ello. Por esto, más que contratar habilidades y competencias, que no digo que no sean relevantes, es primordial que primero busques personas para tu equipo con afinidad de cultura, personalidad y mentalidad.

El Tablero de control del equipo® (TCE) te ayudará a definir a esas personas correctas para el puesto correcto.

Para tener un tablero completo, sigue los siguientes pasos:
1. Define la misión del puesto, desde una posición de *propósito,* es decir, más allá de describir su misión fría y racional describe el impacto que esa posición tiene en el quehacer de la empresa. Esto le dará relevancia y sentido a la posición.
2. Reflexiona sobre el tipo de persona que quieres en tu equipo. ¿Cuál es su personalidad? ¿Sus valores? ¿Qué virtudes quisieras encontrar en él/ella que complementarán a tu equipo? Una vez hecho esto, anótalo en la primera parte del TCE®
3. Define sus responsabilidades buscando cumplir con las siguientes características:
    a. Redacción breve
    b. Redacción orientada a la acción (describe el cómo luce la tarea en la realidad)
    c. Si pueden ser medidas objetivamente, mucho mejor

La mejor forma de seleccionar a las personas indicadas para tu equipo, es dedicando primero un tiempo de reflexión imaginando y diseñando a esos individuos correctos para ti. Estoy convencido que esto también impacta en la disminución de rotación de personal, debido a que contratas a personas que quieren estar en tu empresa por su cultura. Por su parte, la empresa se siente a gusto con ese colaborador porque piensa y actúa íntegramente con los valores de la organización.

Cohesionar al equipo

La segunda obsesión que debes tener como empresario es la capacidad de configurar equipos cada vez más cohesionados entre sí. La mejor forma de hacerlo es por medio de la observancia y constante eliminación de las *5 disfunciones de un equipo* (Lencioni, 2002), las cuales son:

1. Ausencia de confianza

2. Temor al conflicto
3. Falta de compromiso
4. Evitación de responsabilidades
5. Falta de atención a los resultados

Cada una de estas disfunciones genera o alimenta la siguiente, es decir, están interrelacionadas.

Ausencia de confianza

Un equipo con falta de confianza en sí mismo luce proteccionista y falto de vulnerabilidad. Para que exista confianza, los miembros del equipo deben sentir que entre ellos hay buenas intenciones y que no hay razón para protegerse ni ser cauteloso en el seno del grupo. Por lo tanto, se sentirán cómodos siendo vulnerables unos con otros.

Al existir confianza en el equipo, creamos las condiciones necesarias para el conflicto ideológico productivo, que **NO** es lo mismo que el conflicto personal, destructivo y por el poder. El conflicto ideológico productivo es el que se da por medio de argumentaciones, originadas del análisis y conocimiento profundo de tu posición, tomando en cuenta de manera empática las opiniones de los demás y siendo capaz de despegarte de tus objetivos personales para ver por los objetivos del equipo y, por lo tanto, de la empresa.

Temor al conflicto

Debemos creer fervientemente que el conflicto es algo bueno y productivo, ya que todas las relaciones que valen la pena nacieron de él. El conflicto es necesario para poder crecer, porque es la única forma de poder enriquecer ideologías y hacer mejorar las ideas propias y del prójimo. En las empresas, al existir conflicto entre sus miembros, existen entonces las condiciones necesarias para extraer las mejores ideas y acciones para el contexto de ese determinado momento en la empresa. Para que exista confianza, también es necesario que los miembros se conozcan entre sí, más allá del plano profesional: quiénes son en lo personal, qué les gusta, sus hobbies y su familia. También es importante conocer sus fortalezas y debilidades, para tener la empatía de ponerse en su lugar en los momentos difíciles.

© Hugo Ernesto Barraza Valadez 2022. All right reserved.

Falta de compromiso

El compromiso es aquella disposición que cada persona tiene para hacer suya una decisión tomada. Surge de la adopción de decisiones claras y permanentes que nacieron de las discusiones producto del conflicto productivo. Es necesario, entonces, que para que exista compromiso de cada individuo dentro del seno de un equipo, sus ideas hayan sido escuchadas, más no necesariamente aceptadas por el hecho de lograr un consenso. Esto último no es compromiso y, de hecho, no es para nada productivo.

Evitación de responsabilidades

La responsabilidad entre los miembros de un equipo se logra al existir la disposición entre ellos de rendirse cuentas sobre su desempeño y sobre su comportamiento. Cuando no existe, los miembros del equipo esperan que el líder sea siempre el único que pida cuentas y que discipline.

Falta de atención a los resultados

Por último, la falta de enfoque en los resultados se observa cuando sus miembros se ocupan de algo distinto a las metas colectivas del grupo. En los grandes equipos, se tienen resultados claramente definidos mediante metas y objetivos que una vez establecidos, monitorean constantemente. No sólo se refiere a los resultados numéricos como las ventas, las utilidades o la rotación de inventarios, sino también a otro tipo de resultados como el estatus del equipo o el individual.

Enfocarlos en lo importante

Tu tercer enfoque es saber organizar por prioridades e inculcar en tu equipo la capacidad de distinguir entre lo que es importante y crucial para los objetivos de la empresa, y todo aquello que no lo es. José Oscar Sánchez, un exitoso empresario mexicano con el que tuve el gusto de trabajar nos decía: "Donde no hay un líder, la gente hace lo que mejor le parece." Esto significa que como empresario o directivo líder en tu empresa constantemente deberás monitorear que la gente esté trabajando en lo que es realmente importante y relevante para los objetivos más apremiantes de la organización.

Debes fortalecer constantemente tu discernimiento para evaluar las cuestiones relevantes de las que no lo son. Esto es una práctica diaria y consciente. Una de las mayores fuentes de improductividad en las empresas es la falacia de creer que estamos siendo productivos

porque mantenemos nuestras manos y pies ocupados. No hay nada más alejado de la realidad, ya que lo realmente productivo es estar trabajando en lo que se debe trabajar, independientemente de si esto se realiza en poco tiempo o en mucho. ¿Y cómo saber en qué debemos enfocarnos?

En su libro *Los 7 hábitos de la gente altamente efectiva* (Covey, 1997), Stephen Covey nos describe la matriz de Eisenhower (Figura 7), una herramienta para tomar decisiones. Esta matriz fue utilizada por el general y expresidente de Estados Unidos, Dwight D. Eisenhower, al cual se le atribuye la siguiente frase, que te dará una idea general del modelo: "Tengo dos clases de problemas, los urgentes y los importantes. Los urgentes no son importantes, y los importantes nunca son urgentes".

Con esta herramienta, todo lo que debes hacer es evaluar tus tareas, actividades o proyectos de acuerdo con la urgencia (tiempo) y la importancia (impacto en tu visión y objetivos).

Figura 7: Matriz de Eisenhower

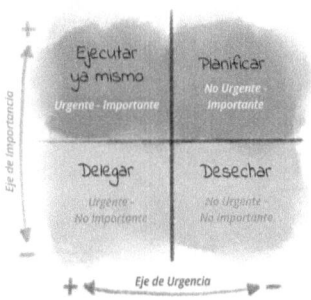

Adaptada de: *Los 7 hábitos de la gente altamente efectiva*, por S. R. Covey, 1997, Paidós.

Cuadrante 1: Urgente-Importante
Son tareas que impactan en la visión o en los objetivos, y que deben abordarse lo antes posible debido a la premura del tiempo. A veces surgen de situaciones imprevistas o de

actividades que no hicimos en su momento y que con el tiempo se convirtieron en algo urgente, es decir, que surgieron de nuestra propia indisciplina.

Estas cuestiones se solucionan haciéndolas nosotros mismos o delegándolas a alguien suficientemente capacitado y con el poder necesario para resolverlas.

Cuadrante 2: No urgente-Importante
Estas tareas o actividades son aquellas que tienen trascendencia en los resultados en nuestra empresa. Son aquellas que, de realizarse, generan avances o impulsos relevantes en la organización, ya sea porque facilitan el trabajo o porque al realizarse eliminan alguna otra cuestión que pensábamos que era crucial hacer.

Caen en esta categoría cuando, respecto al tiempo, no tienen que realizarse ya en este momento. Sin embargo, si no se realizan dentro de un plazo razonable, llegará el momento en que se conviertan en algo urgente, algo del Cuadrante 1.

Estas actividades, por lo tanto, se planean en una agenda y se realizan en ese momento asignado.

Cuadrante 3: Urgente-No importante
Las tareas que entran en esta categoría son aquellas que deben realizarse cuanto antes pero que no es necesario que asignes de tu tiempo para concluirlas. Estas actividades, por ende, se delegan forzosamente. Su impacto en el resultado no es determinante, pero es necesario que alguien las haga.

Cuadrante 4: No urgente-No importante
Por naturaleza, estas cuestiones son las que no deberíamos siquiera molestarnos en discutir. Si no tienen un impacto en nuestros objetivos de la empresa, deberíamos simplemente pasar a otras cuestiones y cuidar mucho que nuestro equipo de trabajo no lo tome para sí en sus proyectos o tareas a realizar.

Estas tareas se eliminan o se ignoran, no tiene caso que inviertas tiempo en ellas ni que las delegues porque le quitaría tiempo valioso a alguien más.

© Hugo Ernesto Barraza Valadez 2022. All right reserved.

Formar gente

Le preguntaron a un experimentado y exitoso empresario, "si tuvieras que decidirte por uno de los siguientes trabajadores, ¿con quién prefieres quedarte?"

1. Con el colaborador que no da resultados pero tiene una personalidad, carácter y comportamientos perfectos para la cultura de tu empresa
2. Con el colaborador que da resultados pero su cultura de trabajo es todo lo contrario a la forma como la empresa quiere hacer negocios

¿Tú qué responderías?

Él respondió que, bajo esas únicas alternativas, se decidiría por el primero sin dudarlo, debido a que ese colaborador con la guía, dirección y entrenamiento correctos empezará a dar resultados o se le encontrará la posición correcta dentro de la organización. El segundo, sin embargo, puede recibir apoyo, *coaching* y dirección para modificar sus comportamientos, pero será más complicado que lo logre. Si no cambia su cultura de trabajo, tarde o temprano, empezará a disminuir su rendimiento y terminará saliendo de la empresa. Además de que el daño interior y exterior, que puede causar a la empresa por su comportamiento no apegado a la cultura, es incalculable.

En esta historia, la reflexión es que la cultura organizacional se debe cuidar cual feroz guardián. Cuando estableces las formas de pensar y de actuar que son viables, aceptables y necesarias en tu empresa para lograr la visión, las personas tienen certidumbre de la personalidad de la empresa y de sus líderes. No existen ambigüedades ni dudas. El sistema mismo que se crea se encarga de aceptar o rechazar y expulsar a los integrantes que no pertenecen a ese sistema.

Detecta a tus Jugadores A

¿Cómo saber quiénes en nuestro equipo están desempeñando un nivel superior al óptimo? Lo primero que debemos hacer es organizarnos de manera que podamos estar recibiendo un *feedback* constante de la cantidad de Jugadores A que tenemos en nuestro equipo.

Los Jugadores A contribuyen más, innovan más, trabajan más inteligentemente, ganan más confianza, muestran más ingenio, toman más iniciativa, desarrollan mejores estrategias comerciales, articulan su visión con más pasión, implementan el cambio de manera más efectiva, entregan un trabajo de calidad excepcional, demuestran un gran trabajo en equipo, previenen más problemas, atraen a más Jugadores A y encuentran formas de realizar el trabajo en menos tiempo con menores costos (Smart, 2012, 24).

Un modelo que nos sirve para guiar nuestro liderazgo y decisiones respecto a la formación de gente es el modelo de estilos de liderazgo de Paul Hersey & Ken Blanchard. El diagrama de la Figura 8 ilustra el modelo en cuestión.

Figura 8: Matriz de madurez de los colaboradores

Adaptada de: Management of Organizational Behavior, P. Hersey & K. Blanchard, 2008, Pearson Prentice Hall.

En el eje horizontal se encuentra aquello relacionado con la motivación del colaborador. Por esto mismo, también tiene mucho que ver con las actitudes que muestra hacia la empresa, su trabajo y sus compañeros. Está correlacionado con el grado de apego a la cultura y a su propio seguimiento a las políticas y reglas de la empresa. Para resumir, a mí me gusta relacionarlo con el grado de apego del colaborador hacia la cultura de la empresa. Hacia la derecha refleja mayor comportamiento y formas de pensar como los de la empresa y hacia la izquierda una menor observancia de ello.

En el eje vertical se encuentran las cuestiones relacionadas con las habilidades hacia el trabajo, con el grado de saber hacer de sus tareas y responsabilidades. Implica evaluar las competencias desarrolladas del colaborador para realizar muy bien su posición en el trabajo. Entre más arriba, mayor competencia y hacia abajo una menor habilidad para las actividades de su puesto.

Así pues, un colaborador que se encuentre en el extremo derecho superior, se estaría desempeñando en un grado máximo de apego a la cultura y alta motivación, así como con un alto dominio de la tarea. Bajo el modelo de Hersey & Blanchard este colaborador sería un M4. Independientemente del nombre, todos en una empresa quisiéramos tener solamente colaboradores M4, porque sabemos que eso nos aligeraría la carga de trabajo y los objetivos serían teóricamente más fáciles de alcanzar. Pero la realidad en las empresas es que muchos llegamos a nuestros puestos de trabajo con cierta incompetencia para desarrollarlo, ya que estamos adaptándonos y aprendiendo las dinámicas y formas de trabajar de la empresa y de nuestro equipo. Por eso es que todos alguna vez todos fuimos un M2.

En el **Método GOD©**, desarrollamos el formato **Formando Jugadores A®** (o *A Players Developer®*), por medio del cual evaluamos los ejes de desempeño técnico, competitivo y de resultados de cada miembro del equipo, así como el eje de motivación y actitud. El objetivo será crear un punto de referencia sobre el cual nuestro equipo empezará a crecer y desarrollarse.

Para desarrollar este formato deberás apoyarte al 100% en el trabajo previo hecho sobre la misión, visión, valores y manifiesto de tu empresa. Estos serán la guía sobre la cual se establecerá y evaluará la parte de cultura (motivaciones y actitudes). Posteriormente, deberás llenar la parte de las métricas de desempeño que serán las que nos indiquen cuando un jugador se esté desempeñando en un nivel sobresaliente. Estas métricas de desempeño saldrán de tu **TCE®**.

Delégales

Cuando delegas, ocurren cosas extraordinarias en toda la dinámica de la empresa. Primero, estás comunicándole a la persona a la que le delegaste el trabajo, que le tienes la confianza suficiente para realizar esa tarea. Por su parte, esa persona se sentirá empoderada y, a la vez, comprometida a estar a la altura para realizar la tarea encomendada. Por eso, es importante que antes de delegar reflexiones si esa persona tiene el conocimiento suficiente; si tiene el poder para decidir sobre lo que se tenga que hacer, y si tiene la actitud y cultura ideal para resolver la cuestión, con sus propios criterios y conforme al nivel esperado.

Delegar es, por lo tanto, una actividad de formación de gente y evidentemente te ayuda a crecer, al poder dividir las tareas entre varios miembros del equipo.

En la delegación existen dos vías. La primera, es la vía que va del origen (persona que delega) hacia el delegado (persona que recibe la tarea delegada). En ésta deben existir los siguientes elementos para que el acto sea efectivo:

1. Tarea u objetivo a lograr perfectamente claro (qué, cómo y estándares mínimos de calidad de lo que debe lograrse)
2. Fecha de conclusión (cuándo)
3. Actividad de retroalimentación hasta concluirse la tarea (qué hacer al concluir)

La segunda vía es la que va de regreso, del delegado (persona que recibe la tarea delegada) al origen (persona que delega). Para que esta vía sea efectiva se debe cumplir con lo siguiente:

1. Tener claro lo que se debe hacer y cómo, así como los objetivos mínimos que se deben lograr
2. Para cuándo se debe tener listo
3. Qué se debe hacer una vez que concluya, o cómo proceder si en el camino existen dudas u obstáculos

Genera un ambiente seguro de pruebas

¿Has visto alguna vez una de estas áreas para que los niños jueguen en los restaurantes? Seguramente, te has dado cuenta que el área está bien delimitada, con elementos que amortiguan las caídas en caso de haber una. Las esquinas, bordes filosos, postes o muros están cubiertos de material blando y de color llamativo para hacerlos evidentes y no causar un accidente en caso de que alguien se golpee.

En la empresa, nuestro ambiente seguro de pruebas puede ser formado por aquellas tareas o responsabilidades que podemos delegar a uno de nuestros jugadores A, que estamos formando y que por su complejidad representa un reto intelectual, técnico o de habilidades. Por otro lado, la relevancia crítica de esa responsabilidad delegada no es de vida o muerte si hay alguna equivocación de su parte. Por un lado, le estamos delegando cuestiones que le exigirán salir de su zona de confort, de su zona de lo conocido y que al

hacerlo expandirán su campo de dominio. Por otro, esas cuestiones tienen una relevancia en el impacto de los resultados que no es crítica (de vida o muerte). Si nuestro Jugador A comete alguna equivocación o toma una mala decisión, no será el fin del mundo ni de nuestra empresa.

La siguiente es una matriz que te ayudará a delimitar el área segura de pruebas (Figura 9) en la que podrás formar a tus Jugadores A. Recuerda que las actividades dentro de esta área son aquellas que tienen un buen grado de complejidad (para desarrollar sus capacidades), pero que no tienen tanta relevancia (para mantener la supervivencia de la empresa independiente de los resultados de tus Jugadores A).

Figura 9: Matriz de Complejidad-Relevancia para determinación del área de pruebas

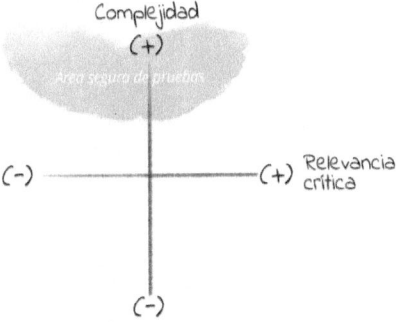

Mantener a nuestro Jugador A en esta área segura de pruebas hará que se esté desempeñando constantemente fuera de su zona conocida. Ampliará cada vez más su campo de juego y poco a poco podremos ir desplazando esta área de juego hacia la derecha y hacia arriba, es decir, hacia asuntos relevantes y complejos.

Haz que piensen

Para esto debes ser organizado y claro en cuanto a las próximas tareas, proyectos u objetivos a lograr. También debes contar con tiempo suficiente, ya que no tendrás la calma

suficiente para esperar, pulir y retroalimentar si alguna actividad se convierte en algo de tu cuadrante de urgencia.

Pon a pensar a las personas que estás formando en posibles soluciones o planes de acción sobre aquello que consideres que se necesitará más adelante y que será necesario para el logro de alguno de los objetivos. En sí, es delegar hacia adelante, o delegar a futuro. Plantéales una tarea o proyecto a lograr en un futuro cercano (2 a 8 semanas) y diles que te presenten un plan de acción de cómo lo harían. Fija una fecha de presentación a un máximo de 10 días y da seguimiento. Muestra disposición si en el camino te buscan para consultar contigo una que otra idea o dudas.

Esta actividad, aunque lleva tiempo, aplicada de forma organizada y enfocada, genera un gran crecimiento mental y de seguridad en nuestros colaboradores. Al hacer esto, estarás evitando ser el líder que subsidia el talento. Dejarás que ellos mismos descubran y fortalezcan sus talentos y habilidades, los cuales empezarán a ser más visibles para ti conforme pasen los eventos de trabajo. Un líder que subsidia el talento, provee todas las respuestas, provee soluciones al presentarse un problema, en lugar de hacer reflexionar y pensar a su equipo; está ahí para todos todo el tiempo, en lugar de ser más reservado y dejar que su equipo de trabajo sea libre y responsable. Evita esto, evita ser quien subsidia a su gente.

Patrocínalos

Brinda tu apoyo y ayuda a las personas que estás formando, muéstrate mayormente libre de agenda para atenderlos cuando te busquen, sin quitarles sus responsabilidades, y cumple rápida y efectivamente si ocupan algo de ti o te piden autorización para algo. Reconócelos y felicítalos frente al equipo. Esto les dará mayor confianza y seguridad en sí mismos, y el equipo los empezará a ver como futuros líderes en la empresa. Apoya y reconoce sus aportaciones o ideas cuando sean buenas y asegúrate de que otros miembros del equipo lo sepan.

Invierte en capacitaciones y entrenamientos para estas personas. Es la única forma en la que empezarán a pensar en tu misma sintonía y en la que obtendrán mayor información para tomar decisiones diarias, y desarrollar una visión empresarial y de liderazgo más amplia.

En esta parte vale la pena contarte la siguiente historia:

Una vez, en una reunión entre directores, estaban discutiendo sobre la inversión en capacitación y entrenamientos que deberían hacer para el siguiente año, en eso, el Director de Finanzas le argumentaba al Director General: "Es que es muchísimo dinero, imagínate invertirles en entrenamientos y que se vayan..." A lo cual, el Director General reflexionó un poco y le contestó: "Imagina no invertir en su formación y que se queden."

La historia es clara. Es una realidad que el conocimiento y la formación las personas la llevan consigo a donde quiera que van. Pero el tiempo que ellos estén en la empresa reditúa más que no brindarles formación y que se queden. Su impacto en decisiones, en formación de otras personas y, por supuesto, sus decisiones serán de una calidad mucho menor que cuando están formados, capacitados y entrenados para ello, y para desplegar un nivel de liderazgo superior. Tómate un tiempo para reflexionar sobre esto.

Personas correctas en puestos correctos

La finalidad de todas las herramientas y métodos de trabajo que podemos aplicar en cuanto al equipo se refiere es poder atraer, elegir, contratar y formar a las personas correctas para desempeñarse en el puesto correcto, en función de sus habilidades y competencias.

La siguiente herramienta (Figura 10) es una matriz que te ayudará a identificar si los elementos de tu equipo de trabajo están ocupando los puestos correctos. En esta matriz, tomamos en cuenta dos variables. La primera es el grado de apego a la cultura de la empresa, la cual como ya hemos visto, es esencial para determinar la pertenencia de una persona en la empresa. Mientras que la segunda variable es el grado de dominio de la tarea asignada a ese puesto que ocupa el trabajador. De esta forma, podrás clasificar a tus colaboradores en cuatro categorías: personas correctas en puestos incorrectos, personas incorrectas en puestos correctos, personas correctas en puestos correctos y personas incorrectas en puestos incorrectos. Tener esta información te ayudará a conocer y organizar a tu equipo de forma estratégica de acuerdo a sus fortalezas y talento.

Figura 10: Grado de dominio de la tarea

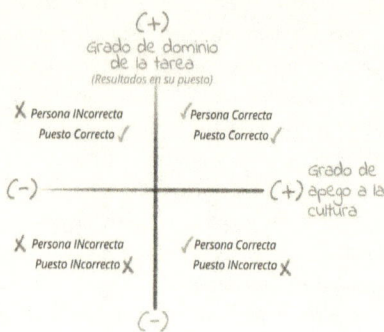

Personas correctas en puestos incorrectos

Hay ocasiones en las que tenemos a las personas correctas en nuestra empresa. Son jugadores de equipo y un ejemplo a seguir en cuanto a nuestra cultura se refiere. Sin embargo, no se están desempeñando en el nivel óptimo de su trabajo y de sus habilidades, no están bien entrenadas para realizar sus funciones, o bien, no es parte de su personalidad y habilidades innatas.

Si la cuestión es de entrenamiento y formación, te pido que le des las herramientas necesarias para que mejore. Será una buena inversión. También, si lo anterior no funciona, lo mejor es buscar una posición idónea para sus habilidades y competencias. Si no hay una posición, debes pedir que se aferre y mantenga dentro de su cultura, aportando y sumando al equipo lo más que pueda y manteniéndose lo más apegado al estándar de desempeño. Si se puede, ponlo a trabajar muy apegado a un Jugador A en su mismo rol para que aprenda y desarrolle las habilidades.

Personas incorrectas en puestos correctos

Estos jugadores no cumplen con la cultura de la empresa, siguen sus propias reglas de comportamiento y no representan la esencia de la compañía. Por otro lado, se desempeñan muy bien en su posición, logrando sus objetivos y en ocasiones superándose. Nos encontramos entonces con alguien que tiene las habilidades y competencias

necesarias para el trabajo pero que la forma de lograr esos resultados para él no son relevantes mientras se logren. Por lo tanto, tenemos una fuente potencial de problemas. A un jugador así hay que *coachearlo* para que modifique sus comportamientos, apegado a la cultura o al trabajo en equipo. Debemos hacerle ver sus oportunidades y fortalezas fijando metas para lograr el cambio. Si no cambia sus comportamientos, será necesario invitarlo a salir de la empresa. Recuerda la historia que te conté anteriormente respecto a esto.

Personas correctas en puestos correctos

Ellos son nuestros jugadores A, con ellos aplica un plan de formación como el que te expliqué. Dedícales atención y cuida mucho que nada ni nadie en la empresa o fuera de ella los mal influencie.

Personas incorrectas en puestos incorrectos

Dedícales tiempo sólo para saber cómo es que llegaron ahí. Qué decisiones, si las hubo, tomó la compañía que generó a este jugador o qué error hubo en el proceso de contratación. De esta forma, corregirás el proceso de decisiones para que esto no vuelva a ocurrir. Realiza un plan de acción para esta persona, ya sea para modificar sus comportamientos y resultados, o en caso necesario, fijar su plan de salida de la empresa.

Conclusión

Contar con las personas correctas en nuestro equipo, haciendo lo correcto, nos dará un gran punto de apoyo y nos fortalecerá para perseguir los objetivos de la compañía y echar a andar los proyectos necesarios para continuar creciendo.

Al poner en práctica lo aprendido en este capítulo serás capaz de:
1. Detectar y seleccionar a las personas correctas para tu empresa
2. Cohesionarlos como un equipo
3. Enfocarlos en lo importante
4. Formar gente para el crecimiento de tu empresa

El siguiente paso será estar midiendo constantemente el desempeño de todos y cada uno dentro del equipo, para que la dirección y administración de tu empresa sea cada vez más profesional y orientada a la toma de decisiones objetivas. Estarás piloteando el avión y

viendo los indicadores correctos que te llevarán a tu destino. ¡Ahora sí, ya estás emprendiendo el vuelo!

Referencias

Covey, S. R. (1997). *Los 7 hábitos de la gente altamente efectiva: la revolución ética en la vida cotidiana y en la empresa*. Paidós.

Hersey, P. & Blanchard, K (2008). *Management of Organizational Behavior*. Pearson Prentice Hall.

Lencioni, P. (2002). *Las cinco disfunciones de un equipo*. EDICIONES URANO.

Lencioni, P. (2021). *Equipos ideales* (1st. ed.). BookaVivo.

Smart, B. D. (2012). *Topgrading*. Penguin Publishing Group.

Métricas

Es diferente hablar de datos y hablar de información. Cuando hablamos de datos, nos referimos a la cantidad de cifras o números que están ingresados en las bases de datos de la compañía. Por otro lado, hablar de información es hablar de todos esos datos ordenados y presentados de forma que podamos leer e interpretar dicha información para nuestra posterior toma de decisiones. Por esto es que los datos se deben ordenar históricamente y hacer cruces entre ellos para determinar el impacto y los aprendizajes de las decisiones del pasado, pero sobre todo para poder predecir el futuro.

Muchas empresas tienen los datos en sus bases. Sin embargo, no establecen formas de leerlos y estudiarlos para que se conviertan en información. Por otro lado, obtienen información de parte de los colaboradores, de los clientes, de los proveedores y del equipo de liderazgo que carece de objetividad. Por eso mismo se corre el riesgo de tomar decisiones basadas en la subjetividad, emociones, creencias o sentimientos de las personas que se consultaron en ese momento.

Objetividad y subjetividad

Empezaremos distinguiendo las diferencias entre las cuestiones objetivas y subjetivas (Figura 11). La objetividad se refiere a presentar la realidad tal cual es y, por lo mismo, está desligada de sentimientos o percepciones y de la afinidad que una persona pueda tener con respecto a otro individuo, objeto o situación. Tiende a la realidad y existencia, a lo que es imparcial. Por tanto, la objetividad es una cualidad que puede ser difícil de practicar, ya que el ser humano formula un criterio personal de lo que considera verdadero, real o falso, a partir de sus experiencias y percepciones, así como de su cultura, creencias, ideologías o sentimientos.

La subjetividad hace referencia a los sentimientos, creencias o deseos particulares de la persona y, por lo tanto, se ve afectada por experiencias pasadas. Es la percepción y valorización personal y parcial sobre un asunto, idea, pensamiento o cultura. Se asocia a la incorporación de emociones y sentimientos al expresar ideas, pensamientos o percepciones sobre objetos, experiencias, fenómenos o personas.

© Hugo Ernesto Barraza Valadez 2022. All right reserved.

Figura 11: Distinción entre lo objetivo y lo subjetivo

En el camino del crecimiento de la empresa, es importante estar leyendo información objetiva que proviene de datos organizados y presentados de forma que podamos tomar decisiones dirigidas a crear el futuro deseado según los objetivos.

Una forma objetiva de medir el desempeño de la empresa y de las acciones emprendidas es por medio de indicadores. Los aviones tienen indicadores que permiten medir la altitud, la velocidad, el ángulo de las alas del avión, temperaturas internas y externas, así como sensores y alarmas que fueron diseñados para lograr un vuelo seguro y cómodo. Todo esto nos permite llegar a nuestro destino bien, y si se puede, a tiempo.

En las empresas, pasa lo mismo, debemos estar monitoreando constantemente los indicadores de desempeño. Pues, es la forma profesional de administrar algo y gestionar el desempeño. Existen dos tipos de indicadores:

1. Indicadores tardíos.
   Son aquellos indicadores que describen algo que sucedió. Están enfocados en explicarnos las consecuencias de nuestras decisiones en el pasado. Un ejemplo de esto son cada uno de los indicadores de un estado de resultados o de pérdidas y ganancias.
2. Indicadores anticipados o proactivos.

Estos son los indicadores que podemos ir midiendo y comparando con una meta ideal previamente establecida y que, al irse logrando, nos ayudan a impactar en otro indicador importante, pudiendo ser incluso un indicador tardío. Las llamadas que hacemos a prospectos de clientes en una semana y a lo largo de varias semanas puede describir el comportamiento en las ventas que tendremos en un futuro. De esta forma, sabemos que el indicador de llamadas influye en el comportamiento en ventas.

Creando el futuro

Peter Drucker nos dejó una frase que perdurará en el tiempo, y dice que la única forma de predecir el futuro es creándolo. Esto quiere decir que el futuro exitoso que queremos para nuestra empresa se puede diseñar, se puede planear y describir, en el momento presente. Dichos indicadores alinearán nuestras acciones, llevándonos al logro de nuestras metas.

La mejor forma de llevar registro de esto, de manera sencilla, práctica y rápidamente ejecutable es por medio de un cuadro de indicadores con cortes semanales. En el cuadro de indicadores deberás definir en su mayoría los que son anticipados, es decir, esos que al ejecutarse y medirse de forma consecutiva en función de la meta esperada tienen un impacto en los indicadores tardíos, como son el estado de resultados, de pérdidas y ganancias o el flujo de efectivo. A continuación, te describo algunos indicadores y su naturaleza (Tabla 1).

Tabla 1: Clasificación de indicadores según su naturaleza e impacto

Indicador	Naturaleza	Impacto en otro indicador
Ventas	Tardío	Flujo efectivo
Prospectos captados	Anticipado-proactivo	Prospectos diagnosticados
Prospectos diagnosticados	Anticipado-proactivo	Prospectos cerrados
Prospectos cerrados	Anticipado-proactivo	Clientes activos
Clientes activos	Anticipado-proactivo	Ventas
Ticket promedio	Anticipado-proactivo	Ventas

Una vez realizada una discusión de los indicadores que debemos usar según nuestros objetivos podremos ponerlos en un Cuadro de indicadores de seguimiento (CIS).

Este es un ejemplo (Tabla 2) de la forma en que se puede visualizar la información es a través de un cuadro de indicadores. La idea es poder medir el consecutivo para así predecir comportamientos y anticiparnos para incidir en ellos.

Tabla 2: Cuadro de indicadores de seguimiento (CIS)

	CIS_Cuadro de Indicadores de Seguimiento												
Indicador	Naturaleza	Responsable	Meta	Enero				Febrero				Marzo			
				9	16	23	30	6	13	20	27	6	13	20	27
Venta semanal	Tardío														
Costo de venta	Tardío														
% Cto. de venta	Tardío														
Clientes atendidos	Proactivo														
Ticket promedio	Proactivo														
$ Invertido en marketing	Proactivo														
Evaluación de clientes	Proactivo														
Cuentas por cobrar	Proactivo														
Cuentas por pagar	Proactivo														
Flujo de efectivo	Tardío														

El cuadro de indicadores de seguimiento no es igual y, por lo tanto, no suple los reportes financieros como un estado de pérdidas y ganancias, balance general o estado de flujos de efectivo, que son reportes con rubros cruciales que se deben medir, pero son más directivos y son tardíos. Lo que ahí se presenta sólo nos explica el efecto de decisiones que tomamos en el pasado. El CIS es operativo y tiene la intención proactiva de incidir en los resultados en un futuro.

Lo que se mide, se puede mejorar

Una premisa de gestión del desempeño en las empresas es que lo que mides, lo puedes mejorar. Si algo no lo estás midiendo de forma objetiva y constante, es muy probable que estés perdido entre todas las urgencias y prioridades que van surgiendo en tu empresa.

Cualquier rol o función dentro de la compañía tiene un número, es decir, puede ser medido, y su comportamiento y desempeño pueden ser parametrizados. Habrá quien te diga que eso no es necesario o que su función no puede ser medida de forma numérica. Lo que esa persona te está diciendo, en realidad, es que no quiere que midas su desempeño. Se siente temeroso de evidenciar algún bajo desempeño, al poder medirlo de forma objetiva. Todos deben ser medidos mediante un número.

Las ventajas de medir objetivamente a todos son:
1. Traducir la visión a algo aterrizado y objetivo
2. Eliminar la subjetividad, ya que los números son un idioma universal
3. Producir resultados
4. Cohesionar al equipo entorno a un objetivo numérico
5. Aumentar la motivación, ya que a los Jugadores A les agrada ser medidos
6. Aumentar la responsabilidad
7. Detectar fácilmente las desviaciones y actuar rápidamente

Trimestre, año y cinco años

La información, una vez ordenada de forma histórica, tendrá la capacidad de decirnos los comportamientos del pasado. Podremos estimar los comportamientos del futuro y las posibles tendencias que, según el desempeño y comportamiento actual, podríamos tener accionando como venimos accionando.

Por otro lado, es necesario que establezcamos metas u objetivos a lograr en cada uno de esos indicadores. De esta forma, podremos estar mirando ese futuro deseado (meta objetiva) y lo que hemos logrado con su tendencia o comportamiento en los próximos meses. Las metas las debemos establecer según tres períodos diferentes: trimestre, año y cinco años.

Trimestre

© Hugo Ernesto Barraza Valadez 2022. All right reserved.

En este lapso, lo que plasmamos son los objetivos a lograr en el período trimestral en el que estamos o que estamos por entrar. Debemos considerar los tres meses de manera acumulativa.

Año

En el año, definiremos las metas a alcanzar de forma acumulada en los 12 meses posteriores.

Cinco años

En este período estableceremos las metas a lograr durante los próximos cinco años acumulados a partir del año presente.

Los objetivos establecidos para menos de 90 días (trimestre) son de corto plazo. Aquellos que están después de los 90 días y dentro del año son de mediano plazo, mientras que los de más de un año son de largo plazo (Figura 12).

Figura 12: Timeline de metas y objetivos

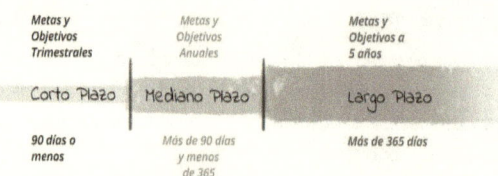

Siempre es recomendable establecer metas y objetivos para las ventas y las utilidades en función de estos períodos de tiempo, ya que nos darán una visibilidad del presente y, con ello, una posible predicción del futuro en función del desempeño actual.

© Hugo Ernesto Barraza Valadez 2022. All right reserved.

La razón por la que todo el equipo debe saber esto es porque en función de ello basará sus decisiones y fijará sus objetivos y metas. Es fundamental tener en cuenta los períodos de tiempo y su impacto posterior en una meta mayor. Estamos buscando que todo el equipo hable el mismo lenguaje y que todos estén en la misma página. Si todo el equipo habla el mismo lenguaje, las comunicaciones son mejor interpretadas y fluyen mejor.

Conclusión

Las empresas deben manejarse por medio de métricas y números. Esto brindará objetividad a nuestras decisiones y hará que nuestras corazonadas sean más acertadas, al enfocarnos en números universales, que signifiquen lo mismo para todos. Una empresa que no se administra mediante indicadores es como un avión que vuela sin un tablero de medidores, los cuales hacen seguro el vuelo y garantizan su llegada a destino. Tarde o temprano, la empresa puede venirse abajo.

Al poner en práctica lo aprendido en este capítulo serás capaz de:

1. Dirigir con objetividad tu empresa y el desempeño de todos
2. Leer tendencias y diseñar el futuro ideal, mediante la elección de indicadores anticipados y la inteligencia del negocio
3. Crecer por medio de la mejora continua, ya que lo que se mide, se puede mejorar

A continuación, aprenderás a establecer las herramientas que te ayudarán a ejecutar de una forma constante y replicable los sistemas y procesos para entregar tu propuesta de valor de forma consistente. Así mismo, ser capaz de controlar la operación de toda tu empresa mediante la gestión constante del desempeño. El vuelo es cada vez más suave y agradable. ¡Es momento de acelerar!

Estrategia

"El guerrero invencible gana la batalla antes de dar la primera pelea."

Al llegar a este punto, tenemos mayor claridad sobre los caminos a seguir en la empresa. La mayoría de las veces, buscamos ser mejores que los demás, superar a nuestra competencia o de alguna forma ponernos delante de ellos. Pero algo en lo que insistiré en este capítulo es en la competencia con uno mismo, el enfoque a pensar estratégicamente para evitar darle importancia a la competencia.

La Estrategia del Océano Azul (Chan & Mauborgne, 2015), nombrada así por sus autores W. Chan Kim y Renée Maugborgne, nos impulsa a crear juegos competitivos en los cuales podamos ganar. Cuando jugamos en terrenos desconocidos o poco interesantes para la competencia, hacemos de este nuevo juego un terreno atractivo y rentable para nosotros e irrelevante para la competencia.

Bajo esta estrategia, estamos creando nuevas reglas de juego dentro de la industria. Estamos apuntando a atender a mercados no atendidos por nuestros competidores o mercados que resultan ineficientes para ellos. Estamos moviéndonos y construyendo un modelo de negocio rentable, tomando los frentes inatendidos de un mercado o cambiando las reglas a nuestro favor. A diferencia, en un océano rojo, las empresas compiten bajo las mismas reglas preestablecidas. Bajan precios, ofrecen descuentos, se roban empleados entre ellos y, cada vez les pagan mejor y aumentan los sueldos. Con esto, el único beneficiado es el empleado. Compiten dentro de los términos de quién tiene la billetera más gorda para pagar publicidad y ese tipo de cuestiones. Si quieres profundizar más en esta estrategia, te recomiendo ampliamente leer este libro.

Hay dos caminos que podemos seguir, inspirándonos en un pensamiento del tipo del Océano Azul.

Primer camino: ver hacia el interior

En este camino, estaremos dirigiendo esfuerzos a crear ventajas competitivas. Los empresarios deben enfocarse constantemente en generar ventajas competitivas sustentables y recurrentes. Esto sólo se logra al dirigir energías y recursos a fortalecer los

elementos o departamentos internos de la empresa o al lograr posiciones que sean difíciles de copiar por los competidores. Una ventaja competitiva, cuando es real, constituye un factor que es muy difícil de copiar por la competencia o que para lograrlo requeriría un considerable desgaste de recursos (dinero, tiempo y enfoque). En este sentido, también puede ser catalogado como tácticas con enfoque a la excelencia operativa.

Algunas estrategias que la empresa puede impulsar son:

1. Cultura y talento de las personas.
   Esta estrategia se refiere a invertir en la formación de las personas mediante capacitación y entrenamiento constante. De igual forma, supone un esfuerzo consciente y consistente para crear e impulsar una cultura de trabajo poderosa, disciplinada y con enfoque en el liderazgo.

2. Liderazgo en costos.
   Esta estrategia se logra cuando somos capaces de entregar los productos o servicios que la empresa ofrece al menor costo respecto de la competencia. Esto puede requerir diversas tácticas a su vez, como pueden ser: la adopción de tecnologías cada vez más eficientes (para rentabilizar y agilizar el trabajo) y la inteligencia de procesos (para eficientar las actividades y las economías de escala, al aprovechar posiciones de compra o de negociación ante proveedores).

3. Diferenciación en productos y servicios.
   Realizar adaptaciones a nuestros productos o servicios, dirigidos a necesidades específicas encontradas en nuestro mercado meta puede diferenciarnos de la competencia. Es probable que nuestros clientes estén buscando nuevas características, nuevas experiencias de servicio o satisfacer ciertos caprichos, que pueden separarnos del resto. La implementación de sistemas de trabajo orientados a la ejecución y al servicio al cliente, así como la capacidad de saber comunicar a los clientes por qué somos diferentes, son tácticas cruciales dentro de este tipo de estrategias.

Segundo camino: ver hacia el exterior

Al trabajar en este escenario, estamos enfocándonos en aquellas cuestiones que van dirigidas hacia nuestro mercado, ya sea captar más porcentaje del mismo (estrategia ofensiva), o dominar y retener a nuestros clientes (estrategia defensiva).

Estrategia ofensiva:

Son aquellas acciones dirigidas a una mayor captación de mercado. En este escenario estamos buscando penetrar el mercado y al hacerlo capturar una mayor parte del pastel.

<u>Estrategia de ventas y mercadeo</u>

Para ir a la ofensiva, mediante una estrategia de ventas y mercadeo contundente, la clave será estar enfocados. Encontrar y dominar un nicho en el cual tú seas el dominante. Para esto es determinante definir tu propuesta de valor.

Tu propuesta de valor está formada por los siguientes elementos, en ese orden:
1. Encontrar tu "Erizo"
2. Tu promesa de marca
3. Tu proceso de entrega
4. Tus clientes objetivo

A continuación, profundizaremos en cada uno.

1.- Encontrar tu "Erizo"
Este elemento requiere ser disciplinado y mantenerse enfocado en tu misión. Anteriormente, te explicaba que esta misión es la razón **principal** por la cual la empresa existe y por esto mismo debe ser crucial dirigir los esfuerzos hacia ello, sin distracciones, sin desenfoques, sin ir detrás de aquello que parece oro solo porque brilla.

Jim Collins, en su libro *Good to Great* (Collins & Collins, 2001), describió este enfoque en la misión como *El concepto del erizo* y lo hizo de la siguiente forma: "El concepto erizo no es un objetivo para ser el mejor, una estrategia para ser el mejor, una intención de ser el mejor, un plan para ser el mejor. Es una comprensión de en qué puedes ser el mejor".

Para esto, sirve responder a estas tres preguntas (Figura 13):
1. ¿Qué es lo que apasiona profundamente a la empresa?
2. ¿En qué puede ser la mejor empresa del mundo?
3. ¿Qué impulsa el motor económico de la empresa?

Figura 13: Concepto del Erizo

Adaptada de: *Good to Great*, por J. Collins, 2001, Harper Business.

Collins señala que las transformaciones de buenas a grandes compañías se producen por una serie de buenas decisiones, tomadas de manera consistente y basadas en el concepto erizo perfectamente ejecutado, acumulándose una sobre otra, durante un largo período de tiempo. Este enfoque genera un poder de apalancamiento poderoso con el cual se logra mover la rueda de la empresa cada vez más rápido.

Asigna tiempo suficiente para responder a las tres preguntas anteriores. Discútelo junto con tu equipo y lleguen a una sola respuesta para cada una de las preguntas.

De estas tres respuestas, concreta cada una a un concepto muy breve, de menos de cuatro palabras. Al final, tendrás tres cualidades diferenciadoras, las cuales serán tu erizo.

2.- Tu promesa de marca
Tu promesa de marca es aquello a lo que te comprometes con tus clientes. Es lo que obtendrán después de que adquieran tus productos y servicios, después de que ha pasado

por tu proceso de entrega y lo ha experimentado. Es el "regalo" que recibirá y la calificación que te dará después de recibirlo.

En este sentido, tu promesa de marca cumple o no cumple con las expectativas que tus clientes tienen sobre ti y los productos que vendes o los servicios que comercializas. Para mantener en tu equipo de liderazgo una mayor comprensión de las expectativas de tus clientes, te recomiendo que incentives y facilites la comunicación con tus clientes por medio de llamadas, encuestas enviadas por email o evaluaciones electrónicas como Net Promoter Score (NPS), una evaluación sencilla, rápida y visual para que tus clientes califiquen tu promesa de marca.

Una forma de comprometerse junto con el equipo para lograr tu promesa de marca en cada interacción con los clientes, es el añadir garantías a lo que haces. De esta forma, también le facilitas a tus clientes el tomar la decisión de hacer negocios contigo, ya que no tiene nada que perder. Para saber qué tipo de garantía brindar a tus clientes, reúne junto con tu equipo ideas sobre los siguientes aspectos a los que se enfrentan tus clientes cuando adquieren productos o servicios similares a los tuyos:

- Problemas que quieren solucionar o necesidades que quieren satisfacer al comprarte
- Temores o dudas que tienen al momento de estar decidiendo comprarte
- Grado de complejidad para tratar contigo en caso que no se cumplan sus expectativas

Idealmente, estas ideas deberían ser plasmadas después de haber tenido sesiones de comunicación con tus clientes para así tener información creíble de primera mano, no suposiciones que el equipo pudiera tener. Recuerda que de todas las garantías que pudieras ofrecer, debes elegir aquella que estás 100% dispuesto a entregar en caso necesario, porque si sólo la eliges para "llamar la atención" y cerrar más tratos, pero no puedes o no estás dispuesto a cumplirla, será contraproducente y peor que no tenerla. Seguramente, te hará perder muchos clientes.

3.- Tu proceso de entrega
El proceso de entrega es la forma en la que te aseguras de que tus clientes reciben la promesa de marca. Es el camino que ellos siguen desde el inicio hasta que lo reciben. Tiene que ver con la experiencia que viven y, por lo tanto, debes estandarizarlo de tal forma que

produzcan el mismo resultado cada vez que lo haces. Lo que queremos es poder repetirlo y replicarlo para el crecimiento.

Requieres tenerlo de forma visual, en un manual o en una sola imagen para que sea una referencia para todo el equipo de la empresa, las operaciones, la fuerza de ventas y las personas encargadas de la comunicación de marca y relaciones públicas.

Para construirlo, sigue los siguientes pasos:
1. Toma un pizarrón o herramienta gráfica que todo el equipo pueda ver
2. Anota los puntos de contacto con los clientes. Por ejemplo, en un restaurante sería de la siguiente forma:
    a. Proceso de entrega:
        i. Reservación
        ii. Recepción en el restaurante
        iii. En la mesa
            1. Recibimiento
            2. Orden
            3. Verificación
        iv. Comida (momento de la verdad)
        v. Pago/cobro
        vi. Salida
3. Discute con el equipo una a dos cuestiones superrelevantes en cada uno de los puntos de contacto en las que, al lograrlo, la experiencia del cliente se cumple en cuanto a expectativas
4. Anota una a dos ideas en cada punto que, al implementarlas, la experiencia del cliente supera las expectativas y, por lo tanto, se maximiza
5. Una vez acordado todo el proceso de entrega y bien clarificado por todo el equipo, pídele a un diseñador que lo haga visual, claro y atractivo
6. Comunícalo a todas las personas y departamentos involucrados en este proceso

4.- Tus clientes objetivo
Evita dispersar los esfuerzos queriendo entregar tus productos o servicios a "todo el mundo", porque no acabarás complaciendo a nadie. Al crear enfoque en ciertos clientes, en cierto nicho de mercado, crearás calor y presión en ese punto, que con tiempo y constancia terminará generando impulso y forma. Esto nos recuerda al dicho: "Con tiempo suficiente, una gota de agua constante puede partir hasta la roca más sólida."

© *Hugo Ernesto Barraza Valadez 2022. All right reserved.*

Necesitas contestar las siguientes reflexiones:
1. Si tu empresa provee productos o servicios dirigidos al consumidor final, *Business To Consumer* (B2C)
    a. ¿Quiénes son tus clientes?
        i. Edad
        ii. Escolaridad
        iii. Nivel económico
        iv. En dónde viven
        v. ¿Estudian o trabajan?
        vi. Escolaridad
        vii. Estilo de vida
        viii. Gustos y preferencias
        ix. Ideologías
        x. Necesidades que quieren cubrir
2. Si tu empresa provee productos o servicios dirigidos a otras empresas, *Business To Business* (B2B)
    a. ¿Quiénes son tus clientes?
        i. Industria
        ii. Tamaño (número de empleados, monto de facturación anual, número de sucursales u oficinas)
        iii. Problemas y/o necesidades recurrentes
        iv. En dónde se ubican

Aplicación en la herramienta

Una vez que discutas y reflexiones sobre todos estos factores, llena la información en la sección de estrategia de ventas y mercadeo del documento del **VCE**©.

Estrategia defensiva:

Son todas aquellas acciones que hacemos, enfocadas a retener a nuestros clientes y protegernos de un posible plagio de la competencia. Incluye las acciones dirigidas a captar mayor valor del cliente, por medio de compras repetidas y del incremento del valor del cliente a través del tiempo.

Retención de clientes

Programas de lealtad

Existen programas que podemos implementar para llevar un seguimiento a la frecuencia de compra de los clientes y que en cada compra el cliente obtenga beneficios que normalmente se ven en puntos o en monederos.

Se les conoce como de lealtad porque entre más compra, más obtiene beneficios. Este mecanismo hace que sea más complicado para el cliente querer irse con la competencia, porque al hacerlo "dejaría de ganar" o perdería beneficios. Este tipo de programas o tácticas no suple ni suplirá a un buen enfoque en servicio al cliente o a un buen enfoque en la calidad de nuestros productos o servicios. Al final, si nuestro servicio al cliente o los productos o servicios que vendemos son deficientes, el cliente se irá con la competencia.

Si en tu empresa existen problemas con los procesos de servicio al cliente o deficiencias en la calidad de los productos o servicios, es mejor que te enfoques en solucionar eso primero, antes de querer implementar un programa de retención de clientes.

Aumento del valor del cliente a través del tiempo

Este concepto se hizo muy popular a partir del crecimiento de las ventas *online*. A lo que hace referencia es a que un cliente puede llegar contigo por un producto o servicio en particular, pero puede quedarse por mucho tiempo al ir descubriendo que contigo tiene más opciones que le solucionan otras necesidades. De esta forma, aumenta el valor que el cliente te entrega, entre más tiempo permanece contigo. Para esto, deberás estar innovando en productos y servicios constantemente, así como en nuevas formas de atracción para que te compre de nuevo.

Por ejemplo, una empresa que vende por medio de crédito, artículos deportivos, y a su vez ofrece relojes y perfumes al mismo cliente, que alguna vez le compró un par de tenis nuevos, o le ofrece prestarle dinero por si necesita, está innovando en su oferta para fidelizar al cliente. De esta forma, su cliente se convierte en una fuente de valor para la empresa, y ésta un medio confiable de obtención de artículos o servicios para el cliente.

Las empresas pueden estar trabajando a la par estrategias internas, para lograr una posición más fuerte en torno a mejoras operativas, así como buscar ganancias sustanciales a través de acciones ofensivas o defensivas hacia afuera. Algunas de estas acciones pueden

ser la captación y retención de clientes a través de un equipo sólido que brinda un servicio de calidad (enfoque interno).

Escuchar activamente

Una excelente forma de mantenerte activo con ideas e innovaciones en tu empresa es por medio de la implementación del escuchar activo de todas las personas involucradas y beneficiadas de alguna forma por tu empresa. Es decir, tener la capacidad y disposición de escuchar a empleados, clientes, proveedores y accionistas.

Esto se puede lograr de una forma muy sencilla al implementar un ejercicio que llamamos **Parar, continuar y empezar (PCE)** y que se refiere a preguntar a estos grupos de interés en la compañía, lo siguiente:

1. ¿Qué deberíamos *parar* de hacer?
2. ¿Qué deberíamos *continuar* haciendo?
3. ¿Qué deberíamos *empezar* a hacer?

Cada una de estas preguntas está dirigida a encontrar respuestas en cada uno de los siguientes temas: logro de la visión, aumento de ventas y disminución de gastos. Para esto, llenaremos el formato PCE (Tabla 3) que tiene la siguiente estructura.

Tabla 3: Formato Parar, continuar y empezar (PCE)

Ejercicio PCE	Logro de la visión	Aumentar ventas	Disminuir gastos
Parar *¿Qué deberíamos parar de hacer?*			
Continuar *¿Qué deberíamos continuar haciendo?*			
Empezar *¿Qué deberíamos empezar a hacer?*			

© Hugo Ernesto Barraza Valadez 2022. All right reserved.

Posteriormente, iremos a un nivel más profundo y realizaremos el esquema de preguntas 4x2 (Tabla 4).

Tabla 4: Esquema de preguntas para clientes y colaboradores

Clientes	Colaboradores
1.-¿Cómo les está yendo?	1.-¿Cómo crees que nos está yendo?
2.-¿Qué está ocurriendo en su industria?	2.-¿Qué está ocurriendo en nuestra industria?
3.-¿Cuál es su dolor de cabeza constante?	3.-¿Cuál es tu dolor de cabeza constante en tu trabajo?
4.-¿Cómo podríamos ayudarles?	4.-¿Cómo puedo ayudarte?

Al hacer estas preguntas a tus clientes, utilizando una escucha proactiva y optimista sobre sus respuestas, podrás encontrar necesidades insatisfechas que probablemente puedas suplir sin necesidad de realizar mayores adecuaciones a tu modelo de negocio, o sin necesidad de hacer una inversión demasiado grande. De tal forma, podrás anticiparte y buscar satisfacer esas necesidades una vez que evalúes la viabilidad y rentabilidad de hacerlo. En Kómpanic, la firma de consultoría y entrenamiento empresarial de la que soy fundador y director general, encontramos la oportunidad de lanzar un producto dirigido a disminuir la rotación de personal entre las empresas restauranteras, así como darles por nuestra parte el primer recibimiento como *Onboarding* a los nuevos empleados. Esto surgió de escuchar sus necesidades.

Por otro lado, cuando realizamos estas preguntas de forma sincera a nuestros colaboradores y mostramos una disposición de escuchar cualquier idea u observación, podemos encontrar oportunidades para mejorar internamente. Soy de la firme creencia que las mejores ideas surgen del equipo que está diariamente entregando la propuesta de valor y escuchando los comentarios y necesidades de los clientes repetidamente. En una ocasión, realizamos este tipo de preguntas a un equipo de colaboradores de una empresa de retail, llevando un taller de innovación y mejoría. Con ello, surgieron 10 ideas que pusimos a prueba y tres de ellas se volvieron ideas implementadas en toda la cadena generando ingresos adicionales así como, según el caso, ahorros de miles de pesos.

© Hugo Ernesto Barraza Valadez 2022. All right reserved.

Conclusión

Trabajar estratégicamente nos hará guardar energías para enfocarlas en el crecimiento de nuestra propia empresa, creando mercados que podamos explotar y aprovechar.

Al poner en práctica lo aprendido en este capítulo serás capaz de:

1. Detectar y explotar nichos de mercado inexplorados
2. Dirigir los esfuerzos de tu equipo a la creación de ventajas competitivas internas, así como aprovechar al máximo los esfuerzos al exterior que emprendan
3. Mantener un enfoque activo y consciente para escuchar al mercado y a tu equipo de colaboradores, generando mejoras consistentes de los sistemas de trabajo

Estarás navegando en mercados que puedes aprovechar, creando tus propias reglas de juego y aprovechando al máximo esos terrenos sólo para ti. Estás al frente de una maquinaria lista para ir a romper las barreras y conquistar terrenos inexplorados. No hay restricciones ni límites, ya que podrás detectarlos e ir por ellos, como veremos a continuación. ¡A conquistar lo que te propongas!

Referencias

Chan, W., & Mauborgne, R. (2015). *Blue Ocean Strategy*. Harvard Business Review Press.

Collins J., (2001). *Good to Great: Why Some Companies Make the Leap and Others Don't*. Harper Business.

Ejecución

Para la ejecución, el orden, la visibilidad y la rapidez son clave. Por orden me refiero a la capacidad y claridad de asignar roles y funciones a las personas dentro del equipo y definir la forma en que estas personas reportarán sus avances o tropiezos. En cuanto a visibilidad, me refiero a que se deben establecer las herramientas o mecanismos para ver, por todo el equipo, el avance en los proyectos o rocas, el avance en las tareas y el logro o avance en los indicadores clave. La rapidez es la habilidad de discernir[1] entre las dos anteriores y tomar una decisión reflexionada sin perder el tiempo, corrigiendo cualquier pequeña desviación mientras se sigue avanzando. Describiré a continuación cada parte.

Orden

Funciones y responsabilidades clave

Las funciones clave tienen que ver con la forma en que estructuramos al equipo, tomando en cuenta sus habilidades y competencias, y comparándolas en función de lo que queremos lograr en los próximos 12 meses. Responde a la pregunta, ¿quién es actualmente el que mejor puede ayudarnos a sacar adelante un proyecto clave para nuestros objetivos a 12 meses?

De esta forma, buscamos mantener una estructura flexible, sencilla y simple que soporte la formación de gente y que esté orientada a la ejecución rápida. Cada responsable debe tener tres proyectos o rocas por trimestre como máximo. Si hay más proyectos que de forma natural, podrían ser asignados al mismo jugador, deberás permitir que alguien más los realice, asignando las tres tareas principales y cruciales al mejor capacitado para ello. Con esto, estaríamos orientando al equipo para la rapidez de ejecución, amplia comunicación y rompimiento de restricciones. El orden llegará de la habilidad de asignar a los jugadores las funciones clave necesarias, así como los recursos o el poder necesarios para que pueda sacar adelante el proyecto, mientras que se va teniendo visibilidad de su avance; que es el siguiente punto.

Existen también aspectos relevantes que debes considerar y tener muy en cuenta acerca de los jugadores a cargo de liderar un proyecto, responsabilizarse de una tarea o atacar

---

[1] Distinguir por medio del intelecto una cosa de otra o varias cosas entre ellas.

una restricción. Éstos son los siguientes, y en mi experiencia si alguno falta, la habilidad de esa persona para poder concluir exitosamente una de sus responsabilidades se ve mermada:

1. Un entendimiento o comprensión completa del objetivo a lograr y su impacto en la organización
2. Conocimiento general de los aspectos cruciales de éxito del proyecto o tarea
3. Libertad para decidir dentro de un marco delimitado de atributos y reglas
4. Facilidad y apertura de comunicación rápida y fluida con la persona, que puede tomar decisiones si algo que se requiere está fuera de tu marco delimitado de atributos
5. Capacidad de liderar, dirigir e influir en otros, incluyendo sus propios jefes
6. Impulso y deseo natural por liderar esa responsabilidad

Enseña al equipo a tomar la responsabilidad de sus proyectos, tareas y restricciones, asumiendo como suyos todos y cada uno de los asuntos que tomen o se le asignen. Esto lo lograrás entre más vean ellos que te das tiempo de llamarlos a rendir cuentas y a revisar puntualmente cada una de sus tareas y proyectos. Otra forma es conversar sobre avances, obstáculos y herramientas o recursos que de ti necesiten para continuar avanzando. Entre más te vean ellos comprometido y responsable por la minuta, más se responsabilizarán por mantenerla actualizada e impecable.

Procesos

Los procesos nos ayudan a crear homogeneidad y simplificación, eficiencia, rentabilidad, y en última instancia, escalabilidad. Por eso, es importante tenerlos claros, por escrito y de forma entendible. En el aspecto operativo, crean consistencia, la cual te permite entregar un producto o servicio en iguales condiciones y características a todos y cada uno de tus clientes.

No es recomendable que te esfuerces por tener todos los procesos claros y establecidos, debido a que la rapidez con los que cambian hará que sean obsoletos cada cierto tiempo. Eso mismo los hace ser ineficientes, pero sí debes tener claros y mapeados tus procesos clave en función de tu propuesta de valor. Esto es evidente, ya que estos procesos son los que te permiten entregar reiteradamente aquello en lo cual te distingues, eres mejor que

otros y es tu pasión. Tu equipo debe ser experto en esos procesos, para poder mantener el enfoque, escalar y profesionalizarse.

Sistemas

Un sistema contiene varios procesos. Cuando tienes un sistema, tienes algo más grande en magnitud, que puede crear un impacto constante y sustentable. Puede que requieras fortalecer tu sistema de captación de clientes. Para ello, deberás evaluar tu proceso de generación de leads, pero también tu proceso de inversión de marketing con el cual das a conocer tus productos o servicios. Por otro lado, deberás revisar tu proceso de autorización de crédito (considerando que lo que vendes puede ser vendido a crédito). Cada uno de estos procesos señalados de forma separada, tiene un impacto bueno o malo en el desempeño final del sistema y, por eso, es importante mapear de forma separada.

Una vez que tengas tus procesos clave definidos y mapeados, deberás analizar la interdependencia de cada uno dentro de todo el sistema, para que corran de forma fluida y eficaz, en su máxima capacidad.

Visibilidad (hazlo evidente)

Lo que no se mide, no se puede mejorar. Es una frase ya bastante común, pero no por eso deja de tener validez y significado. La única forma de poder saber si estamos o no mejorando es compararnos con cómo estábamos antes y con el estándar de calidad necesario o la meta, es decir, dónde queremos estar. Para esto, se deben establecer los mecanismos de medición y visibilidad de todos y cada uno de los indicadores clave o proyectos que debemos sacar adelante, para lograr nuestras metas trimestrales, anuales o de los próximos cinco años. Debemos elevar nuestro grado de conciencia al hacer las cuestiones relevantes obvias. Así mismo, debemos iniciar el proceso de cambio de comportamiento, mediante una mayor conciencia, como dice James Clear en su libro *Hábitos Atómicos* (Clear, 2018, 62).

En tu empresa debes decidirte por una única forma de visualizar, dar seguimiento y calificar mediante status todos los proyectos o rocas que existan, así como las tareas asignadas a cada jugador del equipo. Existen diversas formas de hacerlo, desde tradicionales hasta sofisticadas. Pero, a lo largo de mi experiencia, me he dado cuenta de que el formato o sistema de la herramienta no importa tanto como la disciplina de llevarlo

a cabo y mantenerse disciplinado. A mí y a mi equipo nos funciona tenerlos en el **VCE (o Visión, cultura y ejecución©)**. También ayuda verlos de forma detallada con sus avances y compromisos por medio de Streak, una aplicación que funciona con Google Workspace por medio de una integración, y te permite tener visibilidad móvil. Sin embargo, las herramientas no son más importantes que la disciplina de llevarlo a cabo y dar seguimiento; recuerda eso.

Proyectos o rocas

Un proyecto o roca, es aquella actividad que tiene el poder de hacernos avanzar más que cualquier otra cosa. Tiene una influencia en nuestro desempeño y desarrollo que por lo mismo es crucial hacerlo primero y llevar su seguimiento para asegurarnos de que se cumpla. Tiene la capacidad de hacer irrelevantes otras tareas o cuestiones menos cruciales en la empresa, por ello, debemos enfocar la energía al mismo, ya que estaremos aumentando nuestra productividad.

Antes de definir los proyectos, debemos tener claro lo que queremos lograr y cómo. Eso nos ayudará a visibilizar los proyectos o rocas que necesitamos trabajar para encaminarnos a la visión. Discute con tu equipo, los proyectos que deberán establecer para dirigirse a la visión. Pide a cada uno que escriba los 10 proyectos que, en su opinión, la empresa debe trabajar para dirigirse a la visión y discútelo en una reunión con todos presentes. Anota todos los proyectos que surjan, pero al final decídete por tres proyectos principales por cada persona en el equipo. Sin que superen los 10. Esto hará que tengan enfoque. Si en tu equipo de liderazgo hay tres personas, tendrán nueve proyectos para trabajar. Si son cuatro, los proyectos totales serán 12, pero deberás dejarlo en 10 para que concuerde con el año calendario en el que están trabajando.

En el formato **VCE©** tendrás un espacio para establecer de forma resumida los proyectos de la empresa, para que de esta forma, el equipo y tú puedan referirse a ellos rápidamente y reportar avances.

Tareas o acciones

Cada proyecto o roca a su vez se divide en tareas o acciones necesarias para el logro del mismo. En el capítulo de equipo, hablamos sobre la matriz de Eisenhower que nos ayuda a determinar las cuestiones relevantes para nuestra empresa.

En un equipo que privilegia la ejecución, que tiene enfoque de realizar las cosas rápidamente después de que hayan sido acordadas, la habilidad de priorizar y poner manos a la obra tiene un gran impacto en el logro de los proyectos y rocas necesarios para el crecimiento. Estas tareas relacionadas con los proyectos, son cuestiones relevantes para discutir en equipo. Se debe dejar claro, ante todos, los pasos a accionar y todo el equipo debe comprometerse a realizarlos, ya sea porque los ejecutarán ellos mismos o porque en algunas ocasiones ellos serán apoyo de las tareas y proyectos de alguien más. Cada tarea y cada proyecto debe tener una línea directa de impacto en las restricciones que revisaremos en el capítulo siguiente.

Indicadores

En el capítulo de métricas, revisamos la importancia de establecer indicadores de seguimiento que nos muestren si vamos rumbo a la meta o si nos estamos alejando de ella. Es importante recalcar que, en el ámbito de la ejecución ordenada y rápida, los indicadores mantienen a todo el mundo enfocado. Es lo que hace que el equipo se mantenga unido y en la misma página. Además, genera una claridad de ejecución que ayuda a determinar los siguientes pasos a seguir. Por eso, lo repito en este capítulo, es muy importante tener indicadores definidos, una herramienta adecuada y la disciplina necesaria que nos permita darle seguimiento con sentido de mejoría.

Rapidez

Los empresarios más exitosos toman decisiones rápido y se toman su tiempo para cambiarlas si es que deciden hacerlo. Enseña al equipo de jugadores a llegar a las reuniones con la mayor cantidad de información posible, así como de que confirmen que sea información verídica y objetiva (basada en la realidad y, de preferencia, numérica).

Escucha las opiniones del equipo en cada uno de los asuntos tratados e incentiva la participación y opiniones de todos. Busca lograr discusiones poderosas que generen argumentos inteligentes por parte de los miembros del equipo, al momento de defender su punto de vista. Finalmente, busca que lleguen a acuerdos entre ellos, pero al final de la sesión, fija un tiempo límite de discusión para tomar una decisión. Si no existe un acuerdo establecido entre los miembros del equipo, entonces toma tú la decisión y asegúrate de que todos la entiendan. Pide que el acuerdo se anote en la herramienta de minuta.

© Hugo Ernesto Barraza Valadez 2022. All right reserved.

Ten en cuenta que una decisión es mejor que ninguna decisión. Y si en algún tema necesitas más tiempo para decidir, simple y sencillamente expresa que necesitas más tiempo, pero también menciona cuánto tiempo será y establece la fecha en la que decidirás. Eso en sí, es una decisión.

Mantén el balón en movimiento

Me gusta decir que en las empresas es crucial mantener el balón en movimiento. Con eso quiero decir que, en un contexto de ejecución rápida, debemos estar mandando el balón de un lado a otro, de arriba a abajo, en constante movimiento. Por ejemplo, las órdenes van y la retroalimentación viene, la ejecución se da y el resultado viene y nos retroalimenta. La comunicación es abierta y rápida, como si fuera un pase de balón, va de un sentido a otro. Cuando un equipo entra en el *flow* del balón siempre en movimiento, se ve un sube y baja de comunicaciones, de decisiones, de órdenes, de resultados y de retroalimentación. En sentido contrario, nos permite tomar nuevas decisiones, generando un juego rápido en donde el balón siempre esté en movimiento.

Existen dos métodos que surgieron del emprendimiento y de todo el contenido generado alrededor de ello. Tienen una aplicación en empresas de todo tipo, independientemente de si es pequeña o gigante, si tiene un año o más de 50. Además, nos ayudan a mantener el balón en movimiento de manera fenomenal. Estos métodos son los siguientes:

1.- Producto mínimo viable (PMV)
Este método fue conceptualizado por Eric Ries en su libro *Lean Startup* (Ries, 2011) y aunque está inspirado en las startups tecnológicas de Silicon Valley, realmente su potencial como filosofía y método de gestión, es aplicable al lanzamiento de prácticamente cualquier proyecto emprendedor (Santos, 2022).

Bajo este método el objetivo es testear rápidamente un producto básico entre los clientes potenciales para comprobar la aceptación y viabilidad del modelo de negocio. Nos enseña que no es necesario conseguir el producto perfecto al principio sino que es suficiente con un prototipo o producto básico que muestre las características fundamentales de lo que se quiere hacer, y permita medir las reacciones de la clientela potencial y comprobar, lo antes posible, si se está avanzando por el buen camino (Santos, 2022).

2.-Ciclo de prueba rápida (CPR)

Este concepto surge también de la misma metodología de *Lean Startup*. Consideré necesario darle su propio espacio (y nombre), porque muchas veces no lo tenemos en cuenta al momento de tomar decisiones y plasmar objetivos en el trabajo. Es un ciclo de tres pasos (Figura 14), que nos brinda retroalimentación y aprendizaje continuo, y nace de un espíritu científico de experimentación.

Figura 14: Ciclo de prueba rápida (CRP)

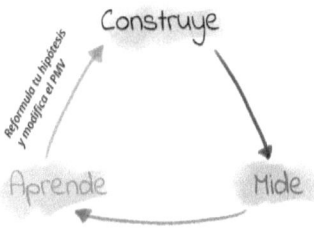

<u>Construye</u>: crea y define tu hipótesis, imagina y construye el Producto mínimo viable (PMV) con el que podrías probarla, sentando en él las bases o características principales. Aquí, defines incluso el target de mercado al que dirigirás tu PMV basado en tu hipótesis.

En una empresa, esto se puede ver en modificaciones a procesos, o en la puesta en marcha de nuevos sistemas de trabajo o de software. En lo personal, siempre puse en marcha innovaciones operativas primero en una sucursal para luego seguir con los siguientes pasos del CPR.

<u>Mide</u>: sal a la calle a poner tu PMV en las manos de tu mercado target. Si tu producto o servicio es algo digital, salir a la calle es en sentido figurado, ya que probablemente deberás ponerlo frente de tu target objetivo a través de medios digitales. Deberás medir reacciones, usos, causas y efectos, además de estar atento a si tu mercado target "entiende" el producto o servicio de la misma manera que tú.

© *Hugo Ernesto Barraza Valadez 2022. All right reserved.*

En el caso de tu empresa, es muy probable que tengas los medios para medir las nuevas ideas o cambios. La cuestión es que establezcas los mecanismos de aprendizaje a continuación.

Aprende: obtén la mayor cantidad posible de datos e información de tu target y realiza todas las preguntas posibles para que llegues a un entendimiento más profundo de sus insights. Pon especial atención en el valor percibido de tu target. Muchas veces creemos estar solucionando una necesidad que en realidad al mercado target no le importa mucho o no le es un punto de dolor por el cual considere que vale la pena pagarlo.

Después de que pasaste por este proceso, en el caso de una innovación o de una nueva idea en tu empresa, podrás replicarla en otras sucursales. Imagina que estamos hablando de un proceso nuevo de servicio al cliente. ¿Cómo aplicarías el CPR? Si te das cuenta, es una forma de innovar y mejorar sin poner en riesgo lo que hasta el momento te ha traído hasta donde estás.

Mantén al equipo enfocado e inspirado

Enfoques

Cuando hablo de enfoque, hablo realmente de subordinar todo aquello que es el enfoque de la empresa según su estrategia o sus proyectos y rocas. Una de las primeras cosas con las que nos topamos al momento de una consultoría es que se dictan las instrucciones, tareas y supuestos enfoques al equipo, y para el día siguiente, lo primero que le preguntamos a ellos mismos es algo contrario o completamente diferente al supuesto "enfoque". El enfoque se crea dictando planes de acción, estableciendo agendas, creando temas y reuniones subordinadas a ese enfoque, e incluso creando y modificando los esquemas de incentivos que den soporte al enfoque de la compañía.

Por ejemplo, si el enfoque de la compañía es mejorar las operaciones de las sucursales, éste se crea cuando lo primero que le preguntamos a un miembro del equipo es su calificación operativa de la semana, abrimos una reunión hablando de la operación, creamos esquemas de comisiones basadas en la operación, etc. Si el enfoque de la compañía es vender más, se modifican las comisiones por ventas para dirigir al equipo a enfocarse en vender más y ampliar el mercado, yendo por más clientes. Por otro lado, se

pudiese incentivar más el logro de utilidades, pagando por la utilidad que el punto de venta genera, y de esta forma, hacer que las personas cuiden las ventas y los gastos.

Lema trimestral

Un lema trimestral hace referencia a la frase que nos recuerda al enfoque de la empresa y a su vez sirve de inspiración para el equipo de trabajo. Mezcla una frase poderosa de enfoque con una imagen inspiradora, también puede ser al revés, una frase inspiradora con una imagen de enfoque. Es una imagen que se debe usar dentro de la empresa, pero que es recomendable diseñar de forma atractiva para que a la gente le guste verla y usarla.

Nuestro primer lema trimestral fue "nuestra revolución, nuestras familias" y pusimos una imagen deportiva, de unos jugadores de fútbol americano celebrando una victoria, pusimos un tablero para llevar el marcador de ventas y a los héroes que atendemos. Esa imagen la pusimos en nuestros celulares, en nuestros fondos de pantalla de las computadoras y la compartíamos semanalmente en un espacio de comunicación interno de la empresa.

Reuniones

Las reuniones deben abrirse hablando de la cultura, puedes hacerlo de forma que se lea cada una de las partes, tomando turnos entre todos los miembros del equipo para que al final se destaquen ejemplos o comportamientos relacionados con la cultura que ocurrieron en la semana que transcurrió. Otra forma de hacerlo es simple y sencillamente mencionar acciones, comportamientos o actitudes que ocurrieron y que tienen relación con algún aspecto de la cultura. Ambas formas son poderosas y cada una aporta una forma diferente de ver y repasar la cultura. La segunda es un poco más rápida pero igualmente poderosa.

Nunca leas la cultura sólo por leerla y mucho menos creas que por tenerla colgada en unos cuadros en la pared ya todos la deberían entender y aplicar.

Las reglas de oro de una reunión efectiva son:
1. Empezar la reunión con 5 min para ponerse al día de temas personales entre los miembros. Pero exactamente al minuto 5, arrancar la reunión de trabajo
2. Leer la cultura de la empresa y mencionar ejemplos y decisiones relacionadas

3. Estar presentes en una sola conversación siempre y en todo momento. Esto significa prestar el 100% de atención a la persona que está hablando o presentando, y evitar distraer a otros compañeros
4. Participar y hacer participar a todos, poner especial atención a los reservados
5. Llevar una minuta de la reunión en una plataforma utilizada como concentradora de proyectos/rocas, tareas y restricciones
6. Todos los integrantes deben aceptar de antemano estar de acuerdo con lo que se escriba y describa en la minuta. Si con algo no están de acuerdo o quieren aclarar las descripciones, deben hablar. Si no hablan, se entiende que están aceptando lo ahí escrito.

Conclusión

La capacidad de ejecutar bien y dentro de los plazos establecidos es lo que todo empresario desea. Este es uno de los puntos culmen de todo el **método GOD**$^©$ y por el cual se ha venido trabajando.

Al poner en práctica lo aprendido en este capítulo serás capaz de:

1. Mantener el orden y organización al establecer responsabilidades y funciones para cada quien. Generar certidumbre y claridad en la decisión y actuación
2. Establecer procesos y sistemas de trabajo que logren entregar tus productos o servicios de forma consistente
3. Tener visibilidad operativa así como un pulso diario del sentir de la empresa por la dinámica de reuniones
4. Fijar proyectos que generen mejoras incrementales en función de la visión de la compañía y arrancarlos de forma rápida mediante la creación de ciclos rápidos de aprendizaje
5. Mantener al equipo enfocado e inspirado en la ejecución

Pero no es suficiente estar ejecutando una tarea, por ejemplo, excavar un agujero, cuando no has pensado de antemano hacia dónde te llevará o cómo podrás salir de él en caso de así desearlo. Por lo tanto, no toda ejecución efectiva es buena, necesitas saber hacerlo con estrategia; cuestión que veremos a continuación. ¡Mantente enfocado!

Referencias

Clear, J. (2018). *Atomic Habits: An Easy & Proven Way to Build Good Habits & Break Bad Ones*. Penguin Publishing Group.

Ries, E. (2011). *The Lean Startup: How Today's Entrepreneurs Use Continuous Innovation to Create Radically Successful Businesses*. Crown.

Santos, J. (2022, February 18). *Lean startup y producto mínimo viable*. Infoautónomos. Retrieved January 10, 2023, from https://www.infoautonomos.com/ideas-de-negocio/lean-startup-producto-minimo-viable/

Restricciones

Teoría de las restricciones

La Teoría de las restricciones (*Theory of constraints* o *TOC*, por sus siglas en inglés) fue promulgada por el físico israelí Eliyahu M. Goldratt en su libro *La Meta* (Goldratt et al., 1992).

Para Goldratt, una restricción es el principal factor limitante para que una empresa, proyecto o proceso de producción tenga éxito. Según TOC, un sistema (empresa) siempre tiene una restricción, ya que si no la tuviera, las ganancias de las mismas serían infinitas. Lo que la teoría busca es encontrar el mayor obstáculo o cuello de botella en todo el sistema para resolverlo y continuar resolviendo los siguientes obstáculos de forma progresiva. Esto se vuelve, entonces, un ciclo de mejora continua que incrementa la capacidad del sistema en sí.

Pongamos, por ejemplo, a una empresa que tiene un buen producto, goza de clientes frecuentes y contentos, tiene un personal bien entrenado y con una cultura de trabajo sana. Sin embargo, no ha podido crecer debido a la falta de dinero, es decir, una constante falta de flujo de efectivo. En este caso, su restricción es el flujo de efectivo, ya que tiene un buen producto y un buen equipo de trabajo. Lo que la empresa debe hacer aquí, sería solucionar ese cuello de botella que le está impidiendo crecer, para elevarlo y poder incrementar así la capacidad de todo el sistema. Los pasos para hacer esto son los siguientes, según TOC:

1. **Identificar** las restricciones
2. **Explotar** las restricciones
3. **Subordinar** todas las demás restricciones a la explotación
4. **Elevar** la capacidad de los cuellos de botella
5. **Repetir** para comprobar la creación de nuevos cuellos de botella

No pretendo dar toda una explicación sobre lo que es TOC, en este libro. Definitivamente, Goldratt lo hizo mejor que nadie, pero si quieres profundizar en ello, te recomiendo que adquieras su libro. Por otro lado, sí considero necesario explicar, a manera de ejemplo,

© Hugo Ernesto Barraza Valadez 2022. All right reserved.

algunas de las restricciones principales (Figura 15) que obstaculizan el crecimiento de las empresas.

Figura 15: Principales restricciones de las empresas

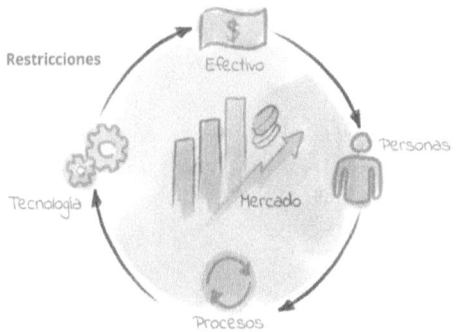

El efectivo

Cuando en una empresa no hay un seguimiento puntual de la entrada y salida de efectivo, éste se puede volver un verdadero dolor de cabeza, así como una restricción que obstaculiza no sólo el crecimiento, sino la supervivencia de la compañía. En esta restricción influyen factores como: el precio al que vendemos, el costo de lo que vendemos o producimos, el márgen de ganancia bruta, los gastos operativos y administrativos, y la utilidad. Es decir, influye nuestro modelo de negocio y si es rentable o no.

Por otro lado, también influye el ritmo con el que gastamos el efectivo así como a donde lo destinamos. Es recomendable, por ejemplo, usar un apalancamiento financiero (deuda) para invertir en nuevas sucursales o en proyectos a mediano y largo plazo. También es necesario saber que la empresa no es la caja chica del empresario. Es un error descomunal creer que los ingresos de la empresa son el sueldo del empresario; para esto, el dueño debe tener su sueldo establecido y apegarse a él y al estilo de vida que ese sueldo le pueda dar. Herramientas financieras como: estados de resultados, balance general y estado de flujo de efectivo son básicas para evaluar nuestra restricción de efectivo.

El personal

El personal adecuado debe ser suficiente, entrenado, capacitado, con las competencias necesarias y con pensamientos y actitudes acordes a la empresa. El personal también puede ser un dolor de cabeza y poner freno a las posibilidades de crecimiento de la empresa. Esta restricción se hace evidente cuando tenemos una alta rotación de colaboradores, cuando vemos liderazgos que no inspiran o no son un modelo a seguir, y cuando las ideas se estancan y no existe innovación.

Igualmente, podemos decir que el personal es una restricción cuando no existe cohesión entre ellos y no hay un enfoque de colaboración en equipo. Queremos implementar nuevas ideas o nuevos proyectos pero nos detiene pensar que no tenemos el personal adecuado para ello. Queremos abrir una nueva sucursal u oficina y lo primero que nos detiene es pensar: "¿quién se hará cargo?".

Podemos tener un modelo de negocio rentable y un cuidado del flujo de efectivo idóneo y, sin embargo, detenernos en nuestro crecimiento o en la profesionalización de la empresa debido a la ausencia de personal con la mentalidad y competencias necesarias para ello. No contar con alguien a quien asignar proyectos o rocas necesarios para el crecimiento y profesionalización de la empresa, también es una limitante. Herramientas como la rotación de personal y antigüedad, el **TCE**© y el **A Players Developer**© son cruciales para detectar una restricción de personal y elevar la restricción que nos ayudará a incrementar las capacidades del sistema en su totalidad.

La tecnología

En la actualidad, es importante considerar a la tecnología y su mayor adopción dentro de nuestros proyectos. La tecnología genera disrupciones que nos permiten ponernos a la vanguardia, pero también eficienta el trabajo, haciéndonos más productivos y, con ello, más rentables. La tecnología como restricción se hace evidente cuando la empresa está acostumbrada a llevar todo manualmente (también está relacionado con el personal y su falta de competencias para sumarse a los cambios tecnológicos), o cuando no se tiene la capacidad de leer y comprender las métricas de forma analítica, conociendo cambios en tiempo real de precios, márgenes, inventarios y utilidades. El que una empresa esté montada en la tecnología para la administración y visibilidad de su inteligencia de negocios es algo que le permitirá tomar decisiones rápidamente, evaluar el beneficio de cada decisión y anticiparse a los cambios. Estas adopciones tecnológicas se pagan por sí solas.

© Hugo Ernesto Barraza Valadez 2022. All right reserved.

Los procesos

Cuando, en una empresa, los procesos o sistemas se vuelven obsoletos a las necesidades o nuevos objetivos, estamos ante una restricción de procesos. Como lo vimos anteriormente, los procesos nos ayudan a crear consistencia, replicabilidad y, por lo tanto, escalabilidad. Diseñando los procesos correctos y necesarios, podemos entonces empezar a impulsar el crecimiento. Cada vez que la empresa crece, los procesos se ponen bajo la lupa y debemos preguntarnos si siguen siendo idóneos para conseguir consistencia, replicabilidad y escalabilidad. Cuando se vuelven una restricción, se nota en los productos o servicios con fallas, aumento de quejas de los clientes, mayores mermas, compras o inversiones en cuestiones innecesarias y pérdidas de dinero.

El mercado

En ocasiones, la restricción puede ser el mercado. Es decir, tenemos procesos que nos hacen entregar un buen producto o servicio, contamos con el personal correcto para entregarlo, tenemos dinero para invertir de ser necesario y tenemos tecnología con la cual visualizar y medir nuestras estrategias. Sin embargo, el mercado del área geográfica donde operamos no es más grande de lo que ya captamos o no muestra signos de crecimiento. En ese caso, nuestras opciones son incursionar en nuevos mercados geográficos, implementar nuevos servicios y productos que podamos vender al mercado actual o nuevos servicios y productos para un nuevo mercado. Para saber si estamos ante una restricción de mercado, es necesario obtener información confiable sobre el producto interno bruto de ese mercado y los competidores que en él participan, así como compararnos con la industria en cuanto a resultados y crecimiento.

Conclusión

Si no existieran las restricciones, nuestras ganancias serían infinitas, podríamos buscar mercados inexplorados o crear mercados inexistentes, y para eso se necesita estar preparado. A lo largo de nueve capítulos, este libro te ha enseñado a preparar a tu empresa para crecer en volumen y profesionalización. En este último capítulo nos enfocamos en detectar las restricciones que te limitan.

Al poner en práctica lo aprendido en este capítulo serás capaz de:

1. Identificar y elevar las restricciones que restringen tu crecimiento

© Hugo Ernesto Barraza Valadez 2022. All right reserved.

2. Diseñar e implementar proyectos o rocas que lleven las restricciones a su siguiente nivel

Ahora puedes armar estrategias y proyectos para derribar las barreras que restringen el crecimiento de tu empresa. ¡Libre de jugar bajo tus propias reglas!

Referencias

Goldratt, E. M., Goldratt, E., & Cox, J. (1992). *The goal*. North River Press.

Interdependencia

Independiente, dependiente. Interdependiente

Aprendí la diferencia entre cada una de estas palabras cuando ya era más que un joven adulto. Después de leer varias veces el libro *Los 7 hábitos de la gente altamente efectiva* (Covey, 1997), por fin comprendí el poder de los conceptos aislados, que al ser unidos de una forma original y coherente, se fortalecen y aumentan la efectividad discursiva del uno al otro.

Cuando nacemos, somos personas completamente dependientes, si no nos alimentan, si no nos dan agua, si no nos abrigan contra el frío o si no nos retiran del calor, simplemente morimos. El poder de nuestra supervivencia está en alguien más, por lo regular nuestros padres tienen ese poder. En esta etapa, nuestras emociones también son dependientes de otras personas. Requerimos del cariño, palabras de amor y de aliento de otras personas para mostrar nuestra valía. Generalmente, la dependencia, en mayor o menor grado se mantiene hasta nuestra juventud o casi entrando a nuestra adultez.

El siguiente grado de dependencia, se llama independencia. En esta etapa podemos valernos por nosotros mismos, incluso de forma económica podemos llegar a ser completamente independientes de nuestros padres cuando generamos ingresos suficientes para mudarnos de su casa, buscando nuestro propio espacio y rumbo en la vida. En el aspecto emocional, también nos independizamos ya que no es tan necesario estar recibiendo halagos o cariño para sentirnos valorados. Tenemos una mayor confianza en nosotros mismos que nos hace tomar las riendas, aventurarnos y correr ciertos riesgos. Sin embargo, un error que podemos cometer por exceso de confianza es creer que somos completamente independientes y no necesitamos de nadie más para mantener fuerte nuestra autoestima o nuestras finanzas. Pero realmente estamos equivocados, ya que el verdadero grado de madurez se logra al adquirir mayor consciencia sobre nuestra interdependencia.

La interdependencia es saber que puedo valerme por mí mismo, que tengo el poder y responsabilidad de buscar mis propios medios para salir adelante, y al mismo tiempo, reconocer con madurez y confianza que si sumo esfuerzos y apoyo de las demás personas

© Hugo Ernesto Barraza Valadez 2022. All right reserved.

a mi causa, el resultado será mayor y más placentero, porque estaré recorriendo el camino acompañado. No iré solo, sorteando obstáculos a mi suerte ni festejando mis logros sin compañía de nadie.

En las empresas, se comete ese error constantemente. Creemos que por tener un excelente producto o servicio, las personas de mi equipo no son importantes, o creemos que por tener un marketing atractivo y con miles de seguidores que nos adulan diariamente no debemos poner atención a los procesos o a la cultura de mi empresa. En pocas palabras, no nos damos cuenta que si descuidamos estos factores, podemos destruir todo aquello que nos llevó tanto tiempo construir. Las empresas son organismos interdependientes que al ser analizados y fortalecidos como un solo ente, en su conjunto y totalidad puede generar sinergias que construyan un sistema cada vez más fortalecido.

El poder interdependiente del método

El modelo que desarrollé y expliqué a lo largo de este libro puede estudiarse, desarrollarse e implementarse de forma independiente en cada uno de sus bloques, pero su mayor efecto se produce cuando se comprende la interdependencia de cada uno de ellos en el éxito de los demás.

The GOD Method© es un sistema completamente interdependiente. Su mayor atractivo nace del poder de desarrollarse e implementarse parte por parte, teniendo siempre la meta del todo y del fortalecimiento sistémico de la empresa. Cada vez que tomes una decisión que fortalezca la disciplina de la *Cultura*, que vaya en ese sentido de acuerdo a la misma, establecerás una columna más para la disciplina de la *Ejecución*. Un *Equipo* fuerte, cohesionado y bien organizado podrá mantenerse unido para derribar *Restricciones*, que al ser sobrepasadas, fortalecerán al sistema en general, elevando las competencias y posibilidades de la empresa. Un sistema de *Métricas* fiables, con seguimiento, le dará al *Equipo* la visibilidad y capacidad de generar la *Estrategia* que mantendrá a la empresa en un campo de juego de ganancias positivas y jugosas. Cada evento y cada ciclo positivo genera incrementos positivos, favoreciendo sinérgicamente al sistema por medio del reconocimiento de su *Interdependencia*.

The GOD Method© fue concebido en su totalidad como una estructura geométrica, la *Pirámide*, debido a que quería plasmar visualmente la importancia que unos cimientos

© Hugo Ernesto Barraza Valadez 2022. All right reserved.

sólidos tienen en la fortaleza de la estructura total. Pero cada parte de la misma estructura es importante para sostenerse completamente a sí misma.

Tú puedes hacerlo

Es fácil, requiere disciplina, esfuerzo, fe y enfoque, pero es factible. La buena noticia es que no necesitas un doctorado o una maestría para llevarlo a cabo. No es ciencia espacial. Es algo ejecutable por aquel que se decida a hacerlo. Es probable que sea más sencillo, si además estudias los libros que te recomiendo en cada capítulo, ya que te darán mayor contexto sobre el tema y, en ese sentido, tendrás más herramientas para implementar el método.

Cada bloque y cada disciplina fueron escritos y diseñados de la forma más sencilla posible para que puedas llevarlos a cabo por ti mismo. Haz partícipe a tu equipo e invítalos a mejorar al comprarles este libro y explicarles cada uno de los conceptos y herramientas que aquí se enseñan. Si lo haces de esta forma, te aseguro que será más sencillo, el aprendizaje y comprensión serán mayores y el impacto será grandioso.

Muchas gracias por haber llegado hasta aquí. Te deseo todo el éxito del mundo y te felicito por ese esfuerzo noble que realizas diariamente al decidir ser un mejor empresario.

© Hugo Ernesto Barraza Valadez 2022. All right reserved.

Anexos

GOD METHOD

VCE-Estrategia en una página

Nombre de la empresa:	

Visión

Meta a 10 años BHAG´s (Objetividad)

Meta a 5 años

Fecha Futura		Ganancias	
Ingresos			

Vision Story (¿cómo Luce la empresa?)

Misión ¿Por qué?(1)	
Valores y manifiesto ¿Cómo? (2)	
Productos y servicios clave ¿Qué? (3)	

Trimestre	Ventas	Ganancias	Restricciones
Meta			
Llevamos			
Anual YTD	Ventas	Ganancias	
Meta			
Llevamos			

KPI's	Proyectos / Rocas	¿Quien?	Acciones
1			
2	1		
3	2		
4	3		
5	4		
6	5		
7	6		
8	7		
9	8		
10	9		

Lema trimestral

Estrategia de Marketing

Tus 3 fortalezas (erizo)	Tu promesa de marca	Tu procesos de entrega	Tus clientes Objetivos (target)
¿En qué eres mejor que cualquier otro?	Promesa de tu marca con su indicador	Garantía: Si no se logra la promesa de marca	

Formando al Jugador A

Nombre	
Periodo de formación (Trimestre)	

Acuerdos / Compromisos del proceso de formación

Notas al pie de página

Roca: Actividad que al hacerla todo lo demás se vuelve más fácil o innecesaria

Restricción: Cuestión que al eliminarla las ganancias de la empresa aumentan

Diferenciadores: Cuestiones que haces mejor que otros o que si lo hicieras, te colocara al frente en tu industria

GOD METHOD — TABLERO DE CONTROL DE EMPLEADOS

PUESTO:
UBICACIÓN:
CAMPO DE ACCIÓN:

MISIÓN:

VALORES:

PERSONALIDAD:

RESPONSABILIDADES Y FUNCIONES:

RESPONSABILIDADES:	MÉTRICAS	PUNTUACIÓN	COMENTARIOS
VOLUMEN DE VENTA-CLIENTES-TRABAJO			

La información contenida en este documento es propiedad de Kompanic LLC. Se prohíbe la reproducción total o parcial de este documento sin previa autorización

CONOCIMIENTO INTERNO Y EXTERNO			
HABILIDADES			
ACTIVIDADES			

La información contenida en este documento es propiedad de Kompanic LLC. Se prohíbe la reproducción total o parcial de este documento sin previa autorización

ASPECTOS RELEVANTES DEL PUESTO			
HERRAMIENTAS DE TRABAJO			

OFRECEMOS:

Prestaciones:

A Player Developer

Fecha: [ ]　　Puesto: [ ]　　Locación: [ ]

Nombre del colaborador: [ ]

Evaluación del desempeño individual

Aspectos relacionados con la persona. Cultura, Actitud y Motivación

Valor o comportamiento	Descripción	Jugador A Siempre 3pts.	Jugador B Algunas veces 2pts.	Jugador C Casi nunca 1pt.

Aspectos relacionados con su puesto. Resultados, Competencias y habilidades para la posición

Totales

	Posición	D	C	B	A
	Calificación	No aceptable	Ocupa mejorar	Aceptable	Sobresaliente
	Puntos	29 o menos	De 30 a 35	De 36 a 42	Mayor de 43
	Acciones	Plan de trabajo por escrito y Warning escrito	Plan de trabajo por escrito y llamada de atención verbal	Plan de trabajo por escrito	Felicitación y reconocimiento verbal

Fortalezas

Debilidades (Oportunidad de mejorar)

Metas Futuras y Expectativas del colaborador

Rendimiento

Ultimo Rendimiento

Rendimiento en comparacion a su ultima evaluacion

Fecha   Rendimiento General   Mejorando   Consistente   Empeorando

Comentarios / Observaciones / Compromisos

Aprobacion

Fecha

Nombre del colaborador   Firma del empleado

Nombre del Manager   Firma del Manager

Cohesion Checklist

El presente formato está diseñado para facilitar la creación de cohesión entre el equipo, un primer paso para crear cohesión es aumentar el grado de consciencia entre los miembros del equipo.

Comportamiento del equipo	Calificación
	1=No se observa o percibe este comportamiento en el equipo 5=Sí se cumple y se observa este comportamiento entre equipo
Los miembros del equipo se conocen de forma personal, más allá de los gustos o preferencias laborales	
Los miembros comprenden las personalidades o estilos de cada uno	
Los miembros del equipo son capaces de reconocer los esfuerzos de los demás miembros y felicitan los resultados, desempeños o ideas sobresalientes	
Los miembros del equipo son capaces de establecer debates de forma positiva y sin tomar las cuestiones como ataques personales	
Los miembros del equipo buscan aprender constantemente, buscan nuevos retos y se entusiasman cuando existen innovaciones y oportunidades de crecimiento personal o profesional	
Cada miembro del equipo es capaz de aceptar críticas constructivas y observaciones sobre su desempeño y de forma positiva actúa en consecuencia para mejorar	
Todos los miembros del equipo participan en las reuniones dando sus puntos de vista y permiten que otras personas participen, son asertivos en su comunicación y aportan a la armonía entre todos y cada uno de los miembros del equipo	
Totales >28 Equipo encaminado al alto desempeño <28>21 Equipo que puede mejorar <21 El equipo debe trabajar por mejorar	

La información contenida en este documento es propiedad de Kompanic LLC. Se prohíbe la reproducción total o parcial de este documento sin previa autorización. © Hugo Ernesto Barraza Valadez 2022 All rights reserved

CIS_Cuadro de Indicadores de Seguimiento							
Indicador	Naturaleza	Responsable	Meta	Enero	Febrero	Marzo

www.ingramcontent.com/pod-product-compliance
Lightning Source LLC
Chambersburg PA
CBHW030442220526
45464CB00006B/2380